심리계좌

심리계좌

돈에 관한 다섯 가지 착각

• 이지영 지음 •

살림Biz

들어가며

돈에는 이름이 없다

2012년 7월, 18억 원 로또 당첨자가 자살했다는 뉴스가 전파를 탔다. 사람들은 이렇게 생각했다.

'뭐야! 그 사람 정신 상태가 문제야. 나라면 그 돈 가지고 가족들과 행복하게 잘 먹고 잘 살았을 텐데.'

그러나 그의 불행을 그저 개인의 불운 또는 나약함으로만 치부할 수는 없다. 우리는 정말 당첨금을 가지고 잘 살 수 있을까? '심리계좌(Mental Accounting)'를 이해하지 못한다면 로또 1등 당첨이 인생역전이 아니라 비참한 최후로의 초대장이 될 수 있다. 심리계좌, 언뜻 들어서는 뭔지 모를 이 낯선 단어가 우리도 모르는 새 우리의 삶을 좌우하고 있다.

돈에 이름표를 붙이는 이유

사람들은 돈을 구분해서 생각한다. 하지만 이 구분은 아주 직관적이고 본능적이어서, 평생 그렇게 하면서도 자신이 그런 행동을 한다고 인식하지 못한다. 행동경제학에서는 이것을 마음속 회계장부라는 뜻으로 심적 회계 또는 심리계좌라고 부른다.

예를 들어 우리는 아르바이트로 번 돈 5만 원은 '일해서 번 돈'이라는 심리계좌 속에 넣는다. 열심히 일해서 벌었기 때문에 소중히 생각하고 함부로 써서는 안 될 돈이라고 생각한다. 하지만 길을 가다가 5만 원짜리 지폐를 주웠다면 이 돈은 그 즉시 '공돈'이라는 마음속 계좌로 들어간다. '공돈계좌'에 들어간 돈은 아주 쉽게 쓴다. 말 그대로 공돈이기 때문이다.

대부분의 로또 당첨자가 당첨금을 쉽게 탕진하는 이유도 당첨금을 공돈계좌에 넣어놨기 때문이다. 쉽게 얻는 돈이 쉽게 나간다는 옛말은 바로 이 심리계좌를 두고 한 말이다. 심리계좌는 같은 금액의 돈이라도 다르게 느끼게 하고 결과적으로 다른 선택을 하게 만든다.

보너스는 보너스처럼?

친구인 A와 B는 연봉이 같다. 그러나 월급을 받는 형식은 다르다. A가 다니는 회사는 연말에 한 번 보너스를 준다. B의 회사는 보너스를 한 번에 주지 않고 12로 나눠 급여에 일정하게 포함해서 준다. 결과적으로는 같은 돈을 받는 A와 B, 그러나 B가 A보다 항상 더 많은 돈을 저축했다.

그렇다고 A가 B보다 사치스럽거나 자제심이 없는 것은 아니다. 둘 사이에 차이가 있다면 딱 하나다. 바로 '보너스'라는 단어.

  사람들은 돈이 생기면 그 돈이 어떻게 생겼는지에 따라 각기 다른 마음속 계좌에 넣는다. 월급은 열심히 일한 대가로 번 돈이다. B는 이것을 '일해서 번 돈'이라는 계좌에 집어 넣고 쉽게 쓰려 하지 않는다. A도 매달 월급은 '일해서 번 돈'이라는 계좌에 집어넣는다. 그러나 연말 보너스는 이야기가 달라진다. 보너스는 연말에 급여 이외에 추가로 생기는 소득이라는 점 때문에 '공돈계좌'에 들어간다. 일단 '공돈'이라는 이름표가 붙으면 꺼내 쓰기가 쉬워진다. 평소에 억눌렸던 소비 욕망이 꿈틀대기 시작한다. '보너스도 탔는데 뭐 이 정도쯤이야!'라며 지갑을 여는 것에 과감해진다. 그래서 결과적으로 A는 B보다 저축액이 적을 수밖에 없다.

10만 원과 10만 원짜리는 다르다?

다음은 심리계좌의 특징을 보여주는 실험이다. 당신이라면 어떤 선택을 할지 한번 생각해보자.

상황①

당신은 평소 보고 싶던 가수의 콘서트 장을 찾았다. 10만 원짜리 티켓을 사려고 지갑을 열어본 순간, 현금 10만 원을 잃어버린 사실을 알게 되었다. 이때, 10만 원을 내고 콘서트 티켓을 구입할 것인가?

상황②

당신은 평소 보고 싶던 가수의 콘서트 티켓을 10만 원 주고 미리 사 놓았다. 공연 당일 콘서트 장에 도착했을 때 티켓을 잃어버린 것을 알았다. 당신은 10만 원을 내고 콘서트 티켓을 다시 구입할 것인가?

실험 결과에 따르면 첫 번째 질문에 티켓을 구입한다고 답한 사람은 88퍼센트나 되는 반면, 두 번째 질문에서 구입한다고 답한 사람은 46퍼센트에 불과했다. 이것은 사람들이 콘서트 티켓과 현금을 각기 다른 심리계좌에 넣어 놓았기 때문이다. 현금을 잃어버린 것은 현금계좌의 손해지 콘서트 티켓과는 상관이 없다 생각하고 티켓을 다시 사려고 한다. 반면에 콘서트 티켓을 잃어버렸을 때는 이미 채워 놓았던 티켓 계좌를 다시 채워야 한다는 생각 때문에 티켓 사기를 꺼리게 되는 것이다. 10만 원을 써야 하는 동일한 상황임에도 그에 대한 판단은 이렇게 차이가 난다.

비슷한 착각을 보여주는 것 중 하나가 신용카드다. 10만 원짜리 물건이 있는데 지갑에 현금만 있다면 과연 그 물건을 덥석 살 수 있을까? 현금으로 구매하면 소비할 때 돈이 없어지는 것이 눈으로 확인되고 이것은 심리계좌에 즉각적으로 '손해'로 인식된다. 따라서 단지 카드만 긁으면 되는 신용카드가 아니라, 내 지갑에서 10만 원이 빠져나가는 걸 목격하는 상황에서 훨씬 신중한 소비를 하게 된다. 반대로 신용카드는 같은 물건이라도 더 쉽게 사게 만든다. 실제 돈을 지불하는 과정이 보이지 않기 때문에 돈이 없어지지 않는다고 착각하게 되는 것이다. 돈도 안 썼는데 물건을 주니 소비가 공짜처럼 여겨지기도 한다. 그래서 신용카드를 쓰면 소비에 대한 경계심이 적어지고, 자연스럽게 소비가 늘어날 수밖에 없다. 이것이 바로 심리계좌 때문에 생기는 착각의 결과다.

헛돈 쓰지 않으려면

심리계좌는 합리적이지 않다. 이성보다는 직관이나 감정과 더 가깝다. 따라서 착각이나 오류가 많다. 그런데 심리계좌의 영향력은 단순히 물건 하나를 충동구매하는 수준을 넘어선다. 그것은 집을 사거나, 투자를 하거나, 보험을 들거나, 노후를 준비하는 것 같이 인생 전반에 걸쳐 중요한 판단에 막강한 힘을 발휘한다.

 나름대로 열심히 사는 것 같은데 왜 항상 돈 문제에 시달리고 있는지 궁금하다면 먼저 심리계좌부터 살펴봐야 한다. 그 문제를 해결할 수 있는 실마리를 찾을 수 있을 것이다. 그리고 이 책을 통해 심리계좌를 이해함으로써 어떻게 하면 돈 관리를 잘할 수 있을지에 대한 해답을 얻을 수 있을 것이다.

 나는 가정경제 상담사로 활동한 경험을 살려 가장 현실적이면서 구체적인 돈 관리 시스템을 알려주려 한다. 그리고 평생 돈 걱정 없이 살 수 있는 방법을 알려줄 것이다. 소수의 전문가나 부유층을 위한 내용이 아니라 대다수 사람들이 '그래, 이건 우리집 이야기야'라며 고개를 끄덕이고 공감할 수 있는 것들이다. 여기에 이론만 번듯하고 당장 써먹을 수 없는 어려운 회계 따위는 없을 것임을 맹세한다.

들어가며_돈에는 이름이 없다 · 5

1부 돈에 관한 다섯 가지 착각

1장 소득 착각_얼마나 버는지 '정확히' 알고 계십니까?
- 월급쟁이, 연봉만 기억한다 · 18
- 프리랜서, 수입과 수익을 구분하라 · 19
- 보이지 않는 소득에도 이름표를 붙여라 · 24
- 맞벌이, 혼자 번다고 생각하라 · 28
- 돈은 돈일 뿐이다 · 31

2장 저축 착각_저축은 많이 할수록 좋은 거 아닌가요?
- 빚이 있는데도 저축을 하는 사람 · 35
- 조금이라도 이자 높은 상품 찾아 삼만리 · 37
- 재무목표별 저축통장의 허상 · 40

3장 소비 착각_도대체 왜, 아껴 써도 늘 쪼들릴까요?
- 신용카드는 혜택이 아니다 · 52
- 세일은 함정이다 · 58

4장 자산 착각_당장 쓸 돈은 있으신가요?
- 마음속 자산일 뿐인 부동산 · 65
- 올라도 떨어져도 꺼내 쓸 수 없는 투자자산 · 72
- 한번 오르면 더 오를 것 같다 · 75
- 허울 좋은 보장자산, 보험은 비용이다 · 77

5장 부채 착각_당신도 혹시 채무노예 아닌가요?
- 캠퍼스 푸어에서 실버 푸어까지 · 90
- 대출은 빠르고, 부채는 길다 · 92
- 좋은 빚 따위는 없다 · 96
- 빚 없는 인생 프로젝트 · 100

2부 돈 걱정 없이 사는 법

1장 벌기 _얼마나 벌어야 돈 걱정이 없을까?
- 고정지출부터 줄여라 · 108
- 노후자금 최소 20억 원? · 113
- 국민연금 · 119

2장 쓰기_어떻게 써야 후회가 없을까?
- 소비는 본능이다 · 124
- 당신의 속마음까지 읽어주는 친절한 마케팅 · 127
- 절약하려고 애쓰지 마라 · 131
- 심리계좌 가계부 · 134
- 소득공제 · 155

3장 모으기_쓸 돈만 모으면 된다

- 네 가지 없으면 저축하지 마라 · 161
- 돈 걱정 없는 4단계 저축 플랜 · 164

💬 보험 · 171

4장 불리기_투자 안 하고 살아도 된다

- 복리의 마법이 아니라 복리의 쪽박 · 181
- 우량종목 장기투자는 점쟁이의 영역이다 · 184
- 적립식투자 성공은 기계나 가능하다 · 188
- 재테크 머피의 법칙 극복하기 · 192

💬 금리 · 197

5장 心테크_돈이 아닌 행복을 관리하라

- 소득이 늘어나면 더 행복해질까? · 200
- 돈과 행복의 관계 · 202
- 가정경제는 돈벌이가 아니라 살림살이다 · 212

💬 노후 · 217

나가며_나는 돈 걱정 없이 산다 · 221

1부
돈에 관한 다섯 가지 착각

누구나 자신이 이성적으로 판단하고 합리적으로 행동한다고 생각한다. 특히 돈에 대해서는 더더욱 그러하다. 누가 내 돈이 걸려 있는데 어리석은 결정을 내리겠는가? 하지만 우리는 빚이 있으면서도 저축을 하고, 손해 보는 걸 이득이라 생각하고 물건을 사며, 번듯한 집 한 채의 환상을 버리지 못해 평생 하우스 푸어로 산다. 이 모든 것이 심리계좌의 착각 때문에 생기는 일들이다. 심리계좌를 파악하는 것, 단지 그것만으로도 당신은 이런 최악의 경제 상황에서 벗어날 수 있다.

1장 소득 착각

얼마나 버는지 '정확히' 알고 계십니까?

- 연봉이 얼마인지는 알아도 월급날 실제로 얼마 들어오는지는 잘 몰라요
- 장사하다 보니 수입이 들쭉날쭉이라 돈 관리는 포기했어요
- 맞벌이를 그만두고 나니 당장 쪼들려서 보험, 적금 다 해약했어요
- 보너스, 휴가비······. 탈 때는 좋은데 바로 써버려 남는 게 없네요

"설마, 얼마 버는지도 모를까 봐?"라고 말하고 싶지만 정확하게 소득을 파악하고 있는 사람은 의외로 많지 않다. 소득의 종류가 다양하고 불규칙할 뿐만 아니라 눈에 보이지 않는 소득도 있기 때문이다.

먼저 소득부터 정확히 파악해야 제대로 된 이름표를 붙일 수 있다. 얼마를 버는지도 잘 모르고, 일해서 번 돈도 공돈이라 생각하고 쉽게 써버리면, 나도 모르는 사이 빚만 점점 늘어나게 된다.

월급쟁이, 연봉만 기억한다

요즘 웬만한 회사는 다 연봉제를 실시하고 있고 회사원 중에 자신의 연봉을 모르는 사람은 없다. 그래서 "얼마를 벌고 계신가요?"라는 질문에도 연봉으로 대답한다. 그런데 과연 연봉이 내가 버는 돈이 맞을까?

회사는 연봉을 12로 나누어 지급하지만 월급통장에는 그만큼의 돈이 들어오지 않는다. 각종 세금과 국민연금, 건강보험 같은 사회보험, 기타 공제를 빼고 나머지 돈만 월급통장에 찍히기 때문이다. 예를 들어 연봉이 3500만 원이라면 한 달에 292만 원을 받아야 하지만, 소득세와 주민세 24만 원, 그 외에도 고용보험, 의료보험, 국민연금 20만 원을 공제하고 준다. 결국 실제 통장에 들어오는 돈은 248만 원이다. 이렇게 실수령 비율은 84퍼센트 정도밖에 되지 않기 때문에 월급날마다 뭔가 속은 것 같은 기분이 드는 것도 당연하다. 자신이 생각한 돈보다 훨씬 적게 받기 때문이다.

심리계좌는 게으르다

마음속 회계장부인 심리계좌는 게으르다. 소득을 기억하려면 연봉을 12로 나눈 다음 각종 공제를 따져보고 실제 통장에 들어오는 금액을 기억해야 하는데, 심리계좌는 이런 단계를 거치지 않는다. 단지 연봉만 기억하게 만든다. 그래서 사람들은 "얼마나 버세요?"라는 질문에 "연봉이 얼마에요."라는 식으로 대답하게 된다.

그나마 매달 같은 금액을 받는다면 기억하기 수월하다. 급여소득자라도 매월 받는 금액이 불규칙한 경우는 아예 소득 파악을 포기해버린다. 실제로 연봉 5000만 원인 한 공무원은 1월에는 월급이 650만 원이지만 평달에는 380만 원으로 그 차이가 두 배 가까이 된다. 이런 경우 월급이 얼마냐고 물어보면 "잘 모르겠어요. 들쭉날쭉해서요."라는 대답이 돌아오기 일쑤다. 자신이 얼마나 벌고 있는지도 모른다는 것은 분명 부끄러운 일이고, 소득도 모른 채 돈에 대한 의사결정을 했을 때 문제가 발생하는 것은 당연한 결과다.

우선 소득에 대한 정확한 기준점을 잡아야 한다. 급여소득자라면 연봉이 아닌 매달 통장에 실제로 찍히는 금액, 그리고 보너스가 들어오는 달이 아닌 평달 월급을 기본 소득으로 생각해야 한다. 월급은 기본급 이외에도 다양한 종류가 있다. 상여금, 명절 보너스, 연말연초에 받는 인센티브, 휴가 때는 휴가비도 있다. 퇴직금을 1년에 한 번 받기도 하고, 소득공제, 연월차 수당, 복리 후생비도 있다. 회사에 따라서 교통비, 점심식대, 통신비를 지원해준다면 이것도 당연히 소득에 포함시켜야 한다. 이렇게 실제 수령하는 금액을 소득으로 기억해야 소비에 대해서도 더 신중해질 수 있다.

프리랜서, 수입과 수익을 구분하라

S씨는 마이너스 통장 한도를 늘리기 위해 은행 직원과 상담을 마치고

나왔다. 은행 직원은 S씨가 회사원이 아니라 프리랜서 학원 강사라는 이유로 한도를 늘려줄 수 없다고 했다. S씨는 당장 다음 달 갚아야 하는 카드대금과 대출상환금을 카드로 돌려막기해야 할 것 같은 불길한 예감이 든다.

그러나 S씨의 수입은 적은 편이라고는 할 수 없다. 프리랜서로 아이들 과외를 하고 몇 군데 학원 강사를 뛰어 버는 돈이 월 320만 원 정도다. 이 정도면 32살 독신 여성의 수입치고는 적지 않은 수준이다. 그럼에도 마이너스 통장에서 보험약관대출, 그리고 카드론으로 빚은 점점 늘어나고 있는 중이다. S씨는 이 모든 원인이 통제력이 없는 자신의 소비 습관 때문이라고 자책하고 있다. 그래서 소비를 줄여야겠다 매번 다짐하고, 나름대로 노력한다고 하는데, 빚은 줄어들 기미를 보이지 않아 답답하기만 하다.

S씨의 문제는 과소비에서 기인한 것이 아니라 심리계좌의 소득 착각을 그 원인으로 봐야 한다. S씨의 정확한 소득이 320만 원이 아니라는 뜻이다. 왜 그런지 S씨의 지출 내역을 살펴보자.

S씨의 지출 내역 중에 가장 큰 비중을 차지하는 것은 오피스텔 유지비다. 월세가 50만 원이고 여기에 관리비까지 해서 매달 오피스텔에 지출하는 비용이 62만 원 정도다. 이런 비용을 지불하면서까지 오피스텔에 사는 이유는 이곳에서 아이들을 가르쳐야 하기 때문이다. 학원 강의 때문에 이동이 잦고, 일이 늦은 시간에 끝나기 때문에 어쩔 수 없이 차

를 굴리다 보니 차 유지비만 해도 한 달에 최소 30만 원이 든다. 통신비도 만만치 않다. 학생뿐만 아니라 학부모들과의 통화가 많으니 평균 8만 원 정도 나온다. 과외 교재비와 아이들에게 간간히 간식 사주는 비용도 합치면 한 달에 족히 10만 원이 넘는다.

그러나 이 돈은 S씨의 소비성 지출은 아니다. 이 지출들은 엄밀히 이야기하면 S씨가 자신의 직업을 유지하고 소득을 창출하기 위해서 필요한 사업비, 즉 비용이다. 모두 합하면 110만 원 정도 되는 이 돈은 소득에서 제외해야 마땅하다. 정확히 말하면 S씨의 월 소득은 320만 원이 아니라 210만 원이라는 소리다. 거기다 늘어난 부채로 인해 발생한 이자 30만 원을 빼고 나면 S씨가 쓸 수 있는 돈은 180만 원이 전부다.

하지만 S씨는 그동안 자신이 320만 원을 번다고 생각해왔다. 많이 버는 것 같은데 저축은커녕 빚만 늘어나는 현실이 답답했다. 돈을 쓸 때도 맘 편히 써본 적 없고, 가슴 한 켠은 늘 불안했으며 매월 카드대금 결제에 헉헉 대며 살았다. 그러다 보니 일하는 것도 즐겁지 않았다.

내가 번 소득으로 비용까지 지출해야 하는 직업인 경우, 소득과 비용을 정확하게 따져서 실제 소득이 얼마인지를 아는 것이 매우 중요하다. 대표적인 영업직인 보험설계사도 이런 소득 착각에 빠지는 경우가 많다. 영업을 위한 다양한 비용들이 발생하지만 이것을 100퍼센트 자신이 부담해야 하기 때문이다. 고객들을 만나서 쓰는 커피값부터 시작해서 계약이 성사되었을 때 제공하는 선물, 이동을 위해 필요한 차와 그 유지비, 늘 깔끔한 차림새를 유지하기 위한 옷값 등 이들에게 직업을 유지하기 위해 드는 비용은 생각보다 매우 많다. 내 통장에 찍힌 급여를 전부 소득으로 생각하는 것이 아니라 소요되는 사업비까지 따져야지만 소득 착각에서 벗어날 수 있다.

돈에 쪼들리는 것을 단순히 과소비 성향 문제로 인식해버리면 자괴감만 느낄 뿐 근본적인 문제 해결은 되지 않는다. 중요한 것은 정확한 소득을 알고, 이에 맞춰 소비 계획을 짜고 비용을 줄이는 방법을 적극적으로 모색하는 것이다.

비용 빼면 인건비도 안 나오는 자영업

자영업도 사정은 마찬가지다. 장사해서 번 돈이 모두 다 내 돈은 아닌 것이다. 창업에 필요한 비용부터 간단하게 계산해보자. 창업을 위해 보증금, 권리금, 인테리어 비용까지 총 2억 원이 든다고 가정했을 때 이 돈을 창업하지 않고 연 4퍼센트 은행 예금에 넣으면 이자로 월 70만 원을 받을 수 있다. 결국 월 70만 원을 미리 까먹고 장사를 시작한다고 봐야 한다.

총 수입 대비 순이익률이 약 30퍼센트라고 가정하면 한 달 300만 원의 순이익을 올리기 위해서는 1000만 원의 매출을 올려야 한다. 거기다 미리 까먹은 70만 원이 있으니 실제 순이익은 230만 원이 된다. 여기에 아침부터 저녁까지 일한 내 인건비를 빼면 남는 돈이 없거나 오히려 손해일지도 모른다. 더군다나 창업자금 2억 원 중 1억 원이 빚이었다면 300만 원에서 부채이자(연 6퍼센트로 가정)로 50만 원을 추가로 지출해야 한다. 이렇게 자세히 살펴보면, 한 달에 1500만 원 수입을 올리는 순댓국 집 사장님이 막상 월말에 이거 저거 떼고 나면 식구들 인건비도 안 나온다고 한숨을 쉬는 것을 이해할 수 있다.

투자한 자본 대비 이익은 얼마인지, 이익률은 몇 퍼센트나 되는지, 자신의 인건비는 나오고 있는지, 사업유지에 필요한 월 비용이 총 얼마인지를 따져야만 한 달에 정확하게 얼마를 벌고 있는지 알 수 있다. 불행히도 이렇게 따져가면서 장사하는 사람은 드물다. 그저 대강 한 달에 들어오는 돈이 얼마고 나가는 돈은 얼마다 정도만 파악할 따름이다. 그나마 손해가 나지 않아서 장사를 지속할 수 있더라도, 수입과 수익을 정확하게 파악하지 못한다면 돈을 모으거나 오래 장사하기는 더 어려워진다.

많이 벌 때만 기억한다

보따리 장사지만 나름 단골까지 있는 K씨는 요즘 신바람이 난다. 올 겨울 이상한파로 날씨가 추워지면서 K씨가 팔고 있는 레깅스 판매가 급증한 것이다. 이대로라면 1월에는 물건 값을 빼고도 번 돈이 400만 원 가까이 된다. 2월도 춥다고 하니 올 겨울에만 1000만 원 넘게 벌 수 있을 것 같다. 7동안 열심히 일한 보람이 있다 생각하며 K씨는 올해 재수를 시작한 아들에게도 돈 걱정하지 말고 아빠만 믿으라며 큰소리를 쳤다.

계절이나 시즌의 영향을 받아 소득이 들쭉날쭉할 경우 소득파악 자체가 쉽지 않다. 매월 소득이 다르다면 사람들의 마음, 즉 심리계좌에 가장 크게 남는 소득은 무엇일까? 당연히 제일 많이 벌었을 때의 소득이다. 그래서 자영업을 하고 있는 사람들에게 얼마 버냐고 물어보면 가장 많이 벌었던 때의 소득을 말하는 경우가 대다수다. K씨도 한창 장사가 잘 되는 겨울 성수기의 소득을 자신의 소득으로 생각했다. 그런데 막상 따져보니 K씨는 소득 변동이 매우 컸다. 가장 많이 번 달은 400만 원이지만 여름에는 그 반도 안 되는 180만 원밖에 벌지 못했다. 실제 버는 돈으로 계산하면 K씨의 월 평균 수입은 400만 원이 아니라 230만 원이다. 막연히 400만 원을 번다고 생각한 K씨는 평균 소득액을 확인하고는 놀란 얼굴이었다. 당장 재수를 선택한 아들에게 들어갈 돈을 어떻게 감당해야 하냐며 당황한 기색을 보였다.

 가장 많이 번 달만 기억하는 심리계좌의 착각은 당연히 지출 문제를 발생시킨다. 최고 소득 기준으로 지출 기준이 맞춰지기 때문이다. 소득이 불규칙해서 파악하기 어렵다는 핑계로 돈 관리를 포기하면, 결국 잘못된 소득 기준과 지출 기준으로 인해 차후에 심각한 돈 문제를 겪을 수밖에 없다.

보이지 않는 소득에도 이름표를 붙여라

 간호조무사로 일하고 있는 P씨의 남편은 건강식품을 판매한다. 남편이 영업직이다 보니 생활비라며 집에 가져다 주는 돈이 일정치 않다. 많을 때는 150만 원이지만 적을 때는 50만 원밖에 주지 않는다. 자신이 받는 월급 160만 원으로 두 아이의 학원비까지 감당하며 살림을 꾸려나가는 P씨는 남편이 한 달에 100만 원이라도 꼬박꼬박 갖다 주기만 하면 소원이 없을 것 같다.

P씨는 남편이 불규칙하게 돈을 가져다 주기 때문에 집안 살림을 자신의 월급으로 감당하고 있다고 생각했다. 그러나 P씨가 한 가지 간과한 것이 있다. 남편이 가져다 주는 돈만 소득으로 생각할 것이 아니라 가져가지 않는 돈도 소득으로 따져야 한다는 점이다.

P씨 남편은 차 유지비, 통신비, 용돈, 의류비, 보험료 모두를 부인에게 받아 쓰지 않고 스스로 해결한다. 이뿐 아니라 경조사나 가끔 하는 외식, 명절 지출도 남편 몫이다. 이렇게 따지면 한 달에 남편이 부담하고 있는 돈만 130만 원 정도다. 이미 P씨가 원하는 금액 이상으로 생활비를 보태고 있는 셈이다. 여기에 최소 50만 원을 생활비로 가져다 주었던 것을 생각하면 남편의 소득은 최소 180만 원 이상이라고 보는 것이 맞다.

P씨가 소득 착각 때문에 남편에게 이직을 권유하고, P씨 남편이 150만 원의 급여를 고정적으로 받을 수 있는 직장에 들어갔다고 가정해보자. 앞에서 설명한 것처럼 남편은 최소 180만 원의 소득을 만들고 있었기 때문에 이직은 오히려 최소한 30만 원 손해인 셈이다. 이처럼 소득을 착각하게 되면 소득을 늘리려고 했던 일이 반대로 소득을 더 줄이는 잘못된 결과를 가져올 수도 있다.

이미 지출된 돈은 급여명세서에 찍히지 않아 소득으로 여기기 쉽지 않다. 정확한 소득 파악을 위해서는 자신의 월급 이외에 눈에 보이지 않는 소득, 즉 P씨의 남편처럼 이미 부담하고 있는 지출에도 소득이라는 이름표를 붙여야 한다.

가족들의 도움을 돈으로 환산하면
눈에 보이지 않는 소득 중에 대표적인 것이 가족들의 도움이다. 부모님과 함께 살면 주거를 위한 보증금이나 월세 등이 필요 없다. 전기세, 수도세와 같은 공과금에서도 자유롭고 식비나 생활용품비를 지출하지 않아도 된다. 살림을 대신 해주는 부모님의 노동력 또한 무시할 수 없다. 부모님과 함께 살지 않는다면 이 모든 것이 다 비용이 들어가는 일들이다. 따라서 이 비용만큼 추가 소득을 얻는다고 봐도 무방하다. 부모님께 생활비를 드린다고 해도 이런 이득을 모두 상쇄할 수는 없을 것이다. 부모님으로부터 독립하기 위해 준비하고 있다면, 이 모든 비용을 추가로 더 벌어야 한다는 계산부터 해야 한다.

결혼을 한 경우에도 보이지 않는 소득으로 잡히는 가족들의 도움이 매우 크다. 세 식구 한 달 식비를 20만 원밖에 쓰지 않는다는 한 주부는 알고 보니 대부분의 식재료를 시댁과 친정으로부터 공수하고 있었다. 김치는 기본이고 쌀, 고춧가루, 마늘, 반찬까지 다 가져다 먹으니 당연히 식비를 적게 쓸 수밖에 없다. 이 경우에는 추가 소득이 있는 것으로 봐야 한다.

3년 전 이혼한 H씨는 초등학생인 두 아이를 키우고 있다. 요양보호사로 일하고 있는 그녀의 수입은 한 달에 120만 원 정도로 세 식구 생활에는 부족한 금액이다. 그럼에도 그녀가 빚 없이 살 수 있는 것은 전적으로 근처에 살고 있는 엄마와 언니 덕분이다. 기본적인 먹거리나 과일까지도 모두 엄마로부터 조달하니 세 식구 한 달 식비는 10만 원 정도다. 언니로부터는 아이들 옷이며 신발을 물려받아 사용한다. 방과 후에 아이들을 언니 집에 맡기니 따로 학원에 보내지 않아도 된다. 살고 있는 전셋집 보증금도 부모님께 그냥 무이자로 빌린 것이다. 이혼한 딸이 안쓰러운 부모님은 그나마 명절에 드리는 적은 용돈도 손사래를 치며 그 돈, 애들을 위해 저금하라고 하신다.

H씨의 경우 가족들로부터 얻는 도움이 상당하다. 전세 보증금 이자, 식비, 아이들 돌봄 비용만 대강 계산해봐도 한 달에 150만 원이 넘는다. 그녀에게 이 돈은 소득이나 마찬가지다. H씨가 자신의 월 소득이 120만 원이고 거기에 맞춰 지출을 하고 있다고 생각하면 큰 착각이다. 적어도 한 달에 270만 원의 소득이 있고 동시에 그만큼 쓰고 있다는 것을 파악하고 있어야 한다. H씨는 120만 원이 아니라 적어도 한 달에 270만 원은 벌어야 유지되는 생활을 하고 있는 것이다. 만약 갑자기 가족들의 도움이 없어진다면, 예를 들어 부모님이 돌아가시거나 언니가 이사를 가는 상황이 발생하면 H씨는 당장 모자라는 150만 원만큼의 돈을 더 벌어야 한다.

눈에 보이지 않는 소득은 안정적이지 않고, 언제든지 중단될 수 있다. 그런데 보이지 않는 소득이 중단되면 실제 소득이 중단되는 것과 똑같이 재무적 어려움에 빠지게 된다. 이것이 눈에 보이지 않는 소득에도 소득이라는 이름표를 붙여야 하는 중요한 이유다. 통장에 찍히는 소득뿐만 아니라 보이지 않는 소득까지를 '우리 집 소득'이라는 심리계좌에 넣어 놓아야 한다. 그래야 내가 최소한 얼마 이상을 벌어야 하는지 정확하게 알 수 있다.

맞벌이, 혼자 번다고 생각하라

상황①

맞벌이 A부부는 결혼할 때 빚을 얻어 32평 집을 샀다. 일단 집부터 장만해야 돈을 모을 수 있다는 주변 충고에 따른 것이다. 노후준비를 위해 개인연금도 각자 50만 원, 100만 원씩 붓고 있다. 좋은 교육을 시키기 위해 두 아이는 사립초등학교에 보내고 있다. 맞벌이라 남들보다 많이 벌지만 나와 현재를 위해서가 아니라 가족과 미래를 위해서 더 많은 돈을 쓰고 산다.

상황②

맞벌이를 하는 B부부는 흔히 말하는 기분파다. 한 달에 한 번은 공연을 관람하고 1년에 한 번은 꼭 해외여행을 간다. 맘에 드는 물건이 있으면 망설이지 않고 사는 편이다. 이렇게 쓰다 보니 둘이 벌어도 연금은커녕 저축도 많지 않고, 집도 아직 전세에 살고 있다. 두 아이는 비싼 사립초등학교는 보내지 못하고 공립초등학교에 보내고 있다. 부모님들은 돈도 좀 모으고 집도 사야 하는데 언제까지 그렇게 살 거냐며 은근 핀잔을 주신다.

이 두 가정에 같은 문제가 발생했다. 아이를 맡아 돌봐주던 친정 부모님의 건강이 나빠진 것이다. 아이를 돌봐줄 사람이 마땅치 않아, 결국 부인이 회사를 그만두기로 했다. 부인의 퇴직 이후 A와 B 부부 중 누가 더 경제적 어려움을 겪었을까?

B부부는 기분파다 보니 평상시 씀씀이가 컸다. 그러나 이런 문화생활비 등은 나의 의지로 줄이거나 쓰지 않을 수 있는 비용이다. 정상적인 사람이라면 버는 돈이 적은데 해외여행을 가거나 명품가방을 사지는 않는다. 쓰고 싶은데 쓸 수 없다는 상실감은 있을지 모르지만 B부부는 그동안 저질렀던 과소비를 줄이는 것만으로 부인의 퇴직으로 인한 소득 감소에 대처할 수 있었다.

A부부는 상황이 다르다. 그들은 과소비를 하지 않았지만 고정지출을 엄청나게 늘려 놓았다. 집 살 때 받은 대출금, 노후 연금, 아이들 사립초등학교 비용 모두 고정지출이다. 과소비는 내 의지로 줄일 수 있지만 주거, 교육, 저축은 그런 성질의 것이 아니다. 살고 있는 집을 줄이기도 어렵고, 이미 사립초등학교에 다니고 있는 아이들을 돈 때문에 공립

초등학교로 전학시키는 것은 상상하기도 싫다. 소득은 줄었는데 평상시 과소비라고는 하지 않고 살아왔기에 아무리 가계부를 들여다 봐도 지출을 줄일 곳이 없다. 손해를 보더라도 어쩔 수 없이 연금이라도 깨서 모자라는 생활비에 보태야 한다. A부부는 억울하기 그지 없다. 과소비도 하지 않고 아등바등 열심히 살았을 뿐인데 소득이 감소하면서 경제적으로 큰 어려움을 맞게 됐다.

맞벌이라면 계속 맞벌이 소득이 유지될 것이라 생각하고 그 돈을 소득으로 생각한다. 두 사람의 소득 전체를 우리 집 소득으로 생각해 심리계좌에 넣으면 이 금액이 소득의 기준선이 되고, 지출 기준도 따라서 올라간다. 이때 소비성 지출이나 문화생활비는 물론 큰 돈이 필요한 주거, 교육비 지출도 기준이 올라간다. 집을 살 때 25평이 아닌 32평을 선택하게 되고, 노후를 위한 연금은 20만 원이 아니라 50만 원도 저축이 가능하다고 생각한다. 맞벌이라 아이들에게 미안한 마음에 사교육비 지출도 과감해진다.

맞벌이를 유지하는 동안에는 이런 비용을 감당하는 데 큰 문제가 없기 때문에 겉으로만 보면 재무적으로 안정적인 것 같다. 그러나 미래는 예측불허다. 맞벌이는 다양한 변수로 인해 언제라도 깨질 수 있다. 따라서 집 담보대출, 개인연금, 아이들 사교육비 같이 장기적으로 큰 돈이 들어가는 지출을 결정할 때는 부부 소득의 합이 아니라 한 사람의 소득을 기준으로 잡아야 한다. 이런 지출은 과소비와 달리 줄이고 싶다고 해서 줄일 수 있는 성질의 지출이 아니며, 2~3년만 내는 돈이 아니라

10년 이상 꾸준히 나가는 지출이기 때문이다. 두 사람 중 한 사람의 소득이 중단되는 위기 상황이 닥친다면 높아진 소득 기준에 따른 높은 지출이 재앙을 몰고 올 수도 있다.

장기 불황의 가능성이 점점 커지고 있는 지금, 특히 맞벌이를 하는 가정의 경우 한 사람이 퇴직을 하거나, 소득이 급감하는 경우 대처가 가능한지 반드시 점검해봐야 한다. 차라리 과소비를 했다면 대처는 쉽다. 그냥 소비를 줄이면 되기 때문이다. 그러나 줄일래야 줄일 수도 없고, 앞으로 10년 이상 지출해야 할 장기 고정지출이라는 애물단지를 안고 있다면 대처가 어려워진다. 당신이 아름다운 미래라고 생각하며 준비하려는 무언가가 사실은 시한폭탄이 아닌지 꼭 확인해보기 바란다.

돈은 돈일 뿐이다

한 부부가 결혼 20주년 기념으로 라스베가스에 갔다. 도박을 하는 사람들이 아니어서 카지노의 분위기를 만끽하며 휴가를 즐겼다. 호텔에 머문 지 2일째 밤, 남편은 잠이 안 오니 심심해서 혼자 카지노에 갔다. 처음 5달러를 가지고 배팅을 했는데 운이 좋아도 너무 좋아서 연승을 했다. 어느새 1만 달러, 10만 달러, 100만 달러 이상의 돈을 땄다. 주변 사람들도 고조되고, 남편도 한껏 흥분해서 계속 배팅했다. 500만 달러 이상을 땄지만 남편은 멈출 생각이 없었다. 그리고 아침 6시, 운이 다했는지 밤새 딴 500만 달러를 한방에 모두 잃었다. 수많은 갤러리의 탄식 소리를 뒤로 하고 남편은 아내가 자고 있던 방으로 돌아왔다. 방문을 열고 들어가자 잠이 덜 깬 아내가 물었다. "어디 갔다 와?" 남편은 대답했다. "어, 5달러를 쓰고 왔어."

남편의 대답은 과연 맞을까? 정말 5달러를 잃은 걸까? 아니다. 남편은 500만 달러를 잃었다. 이게 사실이다. 하지만 남편은 그렇게 생각하지 않았다. 땄다가 잃은 돈에 '공돈'이라는 이름표를 붙였기 때문이다. 처음 배팅 금액이 자신이 일해서 번 돈 500만 달러였다면 어땠을까? 그랬더라도 이렇게 태연할 수 있었을까?

사람들은 같은 금액의 돈이라도 그것이 어디서 생겨났는지, 어디에 쓸 것인지에 따라 각기 다른 심리계좌에 넣어 놓는다. 남편은 자신이 일해서 번 돈 500만 달러였다면 절대 도박에 걸지 않았을 것이다. 열심히 일해서 번 돈은 쉽게 쓰려고 하지 않기 때문이다. 반면 도박에서 딴 돈 500만 달러는 '공돈'이라는 심리계좌에 들어 있었기에 '올인'이 가능했다.

이렇게 같은 돈임에도 다르게 생각하게 되는 것은 모두 심리계좌 때문이다. 보너스, 인센티브, 휴가비, 수당 같은 비정기적인 소득이나 예금이자, 투자수익처럼 노동 없이 돈이 벌어온 돈은 공돈으로 여기기 쉽다. 일단 '공돈계좌'로 들어가면 지출에 대한 경계심이 사라지고 쉽게 꺼내 쓰게 된다. 따라서 돈 낭비를 막기 위해서는 소득의 출처에 따라 나누지도 따지지도 말고 모든 소득을 '소득'이라는 심리계좌에 집어 넣어야 한다. 그런데 이 과정이 쉽지는 않다. 자꾸만 돈의 출처와 용도를 따지려는 심리는 인간의 본능이기 때문이다.

　소득의 출처를 따지는 심리계좌 오류를 극복하는 가장 좋은 방법은 '공돈'이 생기자 마자 저축을 해버리는 것이다. 2장에서 자세히 설명하겠지만 심리계좌가 가장 싫어하는 것은 손해 보는 것이다. 그래서 심리계좌는 일해서 번 돈보다 '저축계좌'에서 꺼내 쓰는 것을 더 싫어한다. 중간에 꺼내 쓰면 이자를 손해 본다고 생각하기 때문이다. 따라서 꺼내 쓸 시간을 주지 않고 바로 저축계좌로 이동시켜 '공돈'이라는 이름표를 떼고 '저축'이라는 이름표를 붙여버리는 것으로 물 샐 틈 없는 소득 관리가 가능해진다.

2장 저축 착각

저축은 많이 할수록 좋은 거 아닌가요?

- 지금껏 적금 만기까지 가본 적이 없어요
- 통장은 많이 만들어 놓았는데 시간이 지나니 관리가 잘 안 돼요
- 마이너스 통장이 있는데도 적금을 붓고 있었어요
- 0.1퍼센트라도 이자 많이 주는 데가 좋은 것 아닌가요?

매월 꾸준히 저축을 하고 있다는 사실은 먹지 않아도 배부르게 한다. 불어나는 잔액을 볼 때마다 저절로 입가에 미소가 머금어지고, 스스로를 대견하다 여기기도 한다.

그런데 저축을 하면서 기분이 좋아지는 것이 아니라 뭔가 찜찜한 마음이 들고, '이건 아닌데, 뭔가 잘못되어 가는 것 같은데……'라는 불안감이 들 때도 있다. 저축은 무조건 많이 하면 좋다는 생각 때문에 잘못된 방법으로 저축을 하기 때문이다. 잘못된 저축은 이자는커녕 손해를 끼

치기도 한다. 심리계좌 착각이 부르는 저축에 대한 잘못된 습관을 알아보자.

빚이 있는데도 저축을 하는 사람

심리계좌는 '공돈'과 '일해서 번 돈'을 구별하고, 일해서 번 돈은 잘 꺼내 쓰고 싶어 하지 않는다. 그런데 심리계좌가 가장 꺼내 쓰기 싫어하는 계좌는 따로 있다. 바로 '저축계좌'다.

  이런 성향은 손실회피라는 인간의 심리적 특성에서 기인한다. 손실회피는 이익보다는 손실에 예민하다는 인간의 심리적 특성을 지칭하는 말이다. 심리학자 대니얼 카너먼의 연구에 따르면 100만 원을 손해 봤을 때 느끼는 고통의 강도가 100만 원의 이익을 얻었을 때 느끼는 기쁨의 두 배라고 한다. 똑같은 돈 100만 원인데도 사람에게 주는 감정의 강도가 두 배나 차이가 나니, 가능한 한 손해 보는 상황을 피하고 싶은 것은 인간의 본능이자 심리계좌의 특징이다.

  재취업에 성공한 주부 K씨는 저축부터 해야 한다는 생각으로 첫 월급을 타자마자 한 달에 100만 원씩 적금을 부었다. 그런데 시간이 지날수록 생활비가 부족해졌다. K씨는 잠깐만 마이너스 통장을 쓰면 해결할 수 있을 것이라 판단하고, 적금을 계속 붓기로 했다. 중간에 해약하면 그동안의 이자가 손해라는 생각에서였다. 일단 생활비를 줄여서 마이너스 통장을 해결하리라 생각했는데 한번 불어나기 시작한 마이너스 통장은 좀체 줄어들지 않았다. 적금 만기가 되어 목돈이 생겼지만 마이너스 통장을 갚고 나니 얼마 남지도 않았다. K씨는 1년 동안 열심히 저축한 보람이 없는 것 같아 허탈하기 그지 없었다.

대출이자가 저축이자보다 크다는 것은 당연한 상식이고 모르는 사람은 없다. 그러나 K씨처럼 빚이 있음에도 저축을 하고 있는 경우를 심심치 않게 만날 수 있다. 사람들은 저축을 깨는 순간 이자를 손해 보게 된다는 생각에 되도록 저축을 깨지 않으려 한다. 또한 스스로 한 결정이나 행동이 잘못이라는 사실을 시인하고 인정하기를 꺼리는데 이런 성향도 저축을 가장 깨서 쓰기 어려운 계좌로 만드는 요인이 된다. 저축을 중간에 깨는 것은 애초에 저축을 시작한 자신의 행동이 오류였음을 인정하는 것이기 때문이다.

저축부터 지르면 꼭 후회한다

많은 재테크 책이나 전문가들이 저축을 강조하면서 저축부터 지르라고 권한다. 많이 저축할수록 좋은 것이라고 이야기한다. 일견 틀린 말은 아니지만 따져보면 현실을 제대로 반영하지 못한 잘못된 조언이다.

첫 달 저축한 돈이 찍혀 있는 통장을 받아들 때는 기분이 좋다. 만기까지 열심히 저축해서 돈 타는 모습을 미리 상상하면 흐뭇하기도 하다. 그러나 이런 감정은 그리 오래가지 못한다. 자꾸만 예상치 못하게 돈 쓸 일이 생기기 때문이다. 차가 고장나기도 하고, 남편 치아에 문제가 생겨 치과 치료비가 왕창 들어가기도 한다. 아이가 뒤쳐지는 과목이 있으면 학원도 하나 더 보내야 하고, 동생 결혼한다니 냉장고라도 사줘야 한다. 이런 상황에 닥치면 저축을 깨서 써야 하나 아니면 빚을 져야 하나 갈등이 생긴다. 저축을 깨면 이자를 손해 봤다는 생각과 괜히 저축했다는 자괴감이 들고, 빚을 선택하면 내 돈 놔두고 이자까지 물어야 한다는 생각에 마음이 불편해진다. 두 가지 선택 모두 만족스럽지 않기는 마찬가지다. 이렇게 갑자기 돈 쓸 일이 생겼을 때 (그런데 이런 경우는 항상 생긴다) 쓸 돈이 없는 것은, 써야 할 돈은 생각하지도 않고 저축부터 질렀기 때문이다.

조금이라도 이자 높은 상품 찾아 삼만리

회사원 L씨는 보너스를 쓰지 않고 저축하기로 마음 먹었다. 금융기관별로 금리를 조회해보니 상호저축은행이 시중은행보다 0.5퍼센트 정도 금리가 높았다. 그러나 부실운영으로 퇴출된 몇몇 저축은행을 떠올리니 불안한 마음이 들었다. 며칠 간 여기저기 물어보고 인터넷을 뒤지면서 은행과 저축은행을 두고 갈등하던 L씨, 결국 금리가 높은 저축은행에 예금을 하기로 결정했다. 인터넷으로 지점을 찾아보니 회사와 꽤 멀리 떨어진 곳에 위치하고 있었다. 하는 수 없이 점심시간을 쪼개 택시까지 타고 가서 예금을 하고 부랴부랴 회사로 돌아왔다. 저축했다는 흐뭇한 마음도 잠시, 문득 계산기를 두드려본 L씨는 허탈한 마음에 한숨이 나왔다. 예금으로 맡긴 돈은 200만 원, 저축은행을 선택해서 더 받는 이자는 만 원. 고생한 보람이 왕복 택시비 1만 2000원보다 적은 금액이라는 사실을 깨달았기 때문이다.

2012년 하반기 시중 은행 예금금리가 4퍼센트 이하로 떨어졌다. 저금리 시대가 아니라 초저금리 시대라고 할 만하다. 그럼에도 사람들은 금리가 물가상승률보다는 높아야 한다고 생각한다. 물가상승률이 4퍼센트라면 금리도 4퍼센트 이상은 되어야 돈의 가치가 그대로 유지되기 때문이다. 만약 금리가 3퍼센트라면 1년 후 돈의 가치가 1퍼센트만큼 떨어지는 것이고 그만큼 손해다.

마음속 심리계좌는 저축을 '돈을 더 모으기 위한 것'으로 생각하고 모으는 행위만 생각한다. 모으는 것만 생각하면 당연히 이자에 민감해지고, 0.1퍼센트라도 높은 이자를 받아 조금이라도 더 많이 모으는 것을 저축의 목적으로 여긴다.

그러나 마음속 심리계좌가 아닌 현실세계로 돌아와 따져보자. 저축에서는 이자가 아닌 원금이 훨씬 더 중요하다. 원금이 1억 원이면 연 4퍼센트 이자가 400만 원이지만, 원금이 100만 원이면 연 4퍼센트 이자는 4만 원이다. 이자를 1퍼센트 더 받아도 1년에 5만 원이고 1퍼센트 덜 받아도 3만 원이다. 원금이 적다면 1~2퍼센트의 이자 차이가 돈을 불리는 데 그다지 영향을 끼치지 못한다. 그럼에도 사람들은 금리 0.1퍼센트를 더 받기 위해 고군분투하고, 때로는 먼 곳에 있는 은행을 찾아가기 위해 시간과 노력을 투자한다. 남들보다 조금 더 받았다는 생각 때문에 스스로 우쭐해지기도 한다. 그러나 얼마 되지 않는 원금을 생각하면 0.1퍼센트의 금리 차이가 주는 이익은 투자한 시간과 노력에 비해 너무 미미한 수준이다.

이율 낮아도 괜찮다

이자를 따지기 전에 먼저 저축을 왜 하는지 그 이유부터 생각해보자. 저축은 3개월이 될지, 3년이 될지 모르지만, 어쨌든 나중에 쓸 돈을 마련하기 위해서 한다. 돈이 없어 빚을 지거나, 아예 쓰지 못하는 불행을 막기 위함이다. 그 누구도 돈 쌓아 놓고 또는 통장에 돈 넣어 놓고 그저 감상만 하려고 저축을 하지는 않는다. 저축의 목적은 단지 돈을 모으는 것이 아니라 내가 쓸 돈을 준비하는 것이다. 즉 '쓰기 위한 저축'이다.

그리고 저축은 원금이 중요하다. 원금을 키우려면 쓰지 않고 계속 모아야 한다. 하지만 앞서 말한 것처럼 저축은 쓰기 위한 것이다. 즉 모아서 쓰고, 또 모아서 쓰는 과정이 반복되는 것이지 무조건 모으는 과정만 있는 것은 아니라는 뜻이다. 물론 돈을 아주 많이 버는 사람이라면 계속 모으기만 하는 것이 가능할 수도 있다. 그러나 대부분의 가정에서는 모은 돈은 대부분 다시 다 쓰게 된다.

실제로 우리나라 평균 가계 저축률은 2000년 10.7퍼센트에서 2001년 6.4퍼센트, 카드 대란이 일어났던 2002년은 2.2퍼센트, 2010년에는

3.2퍼센트를 기록하며 지금까지 한 자리 숫자를 맴돌고 있다. 이것은 모아서 쓸 돈만 있지, 계속 모을 수 있는 돈은 거의 없다는 현실을 말해준다.

저축은 모아서 쓰는 과정의 반복이기 때문에, 결과적으로 원금이 커질 시간이 없다. 따라서 낮은 이자율은 저축을 하는 데 있어 큰 문제가 되지 않는다. 물가상승률보다 금리가 낮으면 손해라고 생각할 수도 있지만 어차피 원금 자체가 크지 않기 때문에 그 손해는 무시할 수 있는 정도다. 오히려 진짜 손해는 돈이 필요한데 저축해 놓은 돈이 없거나, 돈이 있어도 집이나 투자에 묶여 현금화할 수 없어 결국 빚을 내야 하는 경우다.

'그래도 조금이라도 이자가 높아야 좋지 않을까?'라는 갈등이 생기면 실제 내가 저축하는 원금과 이자 금액을 계산해보기 바란다. '이 정도 돈을 가지고 굳이 고민할 필요 없다.'라는 결론이 나올 것이다. '물가상승률보다 못한 예금·적금 들어야 하나?'라고 고민이 될 때는 '쓰기 위한 저축'임을 떠올리기 바란다. 이자가 물가상승률에 못 미친다고 할지라도 그 손해는 미미하고, 돈이 필요할 때 저축해 놓은 돈으로 해결할 수 있다면 그걸로 저축의 목적은 충분히 달성된 것이다.

재무목표별 저축통장의 허상

요즘 재테크 책은 ○○통장이라는 제목이 유행이다. 그런 종류의 책에서는 저축통장을 재무목표에 따라 주택자금마련용, 자녀교육자금용, 노후준비자금용, 비상금용 등으로 나눠 관리해야 한다고 조언한다. 각 재무목표마다 저축의 기간이나 목적이 다르기 때문에 재무목표와 궁합이 잘 맞는 금융상품들도 함께 추천한다. 비상금은 단기적으로 필요한 자금이니 적금이 알맞고, 주택자금은 청약상품, 자녀교육은 펀드, 노후준비자금은 개인연금으로 준비하는 것이 좋다는 식이다.

이런 돈 관리 방식은 같은 돈이라도 돈이 어디서 생겼는지 그 출처와, 어디에 쓸 것인지 그 용도를 따지는 심리계좌의 성격과 유사하다. 사람들은 같은 저축 100만 원이라 할지라도 그 용도를 명확히 하면 그 외의 상황에서는 가능한 쓰지 않으려 하기 때문이다.

그러나 재무목표별 저축통장은 너무 이상적이어서 현실을 반영하지 못한다는 치명적 단점이 있다. 냉장고를 사기 위해 냉장고 적금을 들고 1년 후 그 돈으로 냉장고를 사면 분명 뿌듯하다. 그러나 돈 쓸 일마다 통장을 만드는 과정이 번거로운 것 또한 사실이다. 가족여행통장, 차바꾸기통장, 건강검진통장, 전세금통장, 자기계발비통장, 부모님칠순통장 등 만들어야 하는 통장이 한두 개가 아니다. 처음에는 재미있게 시작할 수 있지만 시간이 지나면서 점점 번거로워지고, 결국 아주 부지런하고 꼼꼼한 사람이 아니라면 나중에는 아예 통장 만들기를 포기할 가능성이 크다.

무엇보다도 재무목표별 저축의 가장 큰 문제점은 장기저축인 경우 유지 가능성이 낮다는 사실이다. 10살인 자녀 학자금을 위해서 10년을 생각하고 펀드를 하고 있고 20년 후 노후준비를 위해 연금을 불입하고 있었다. 그런데 전셋값이 폭등해 집 주인이 전세금을 5000만 원 올려달라고 한다면, 갑자기 부모님이 쓰러져 병원비가 필요하다면, 맞벌이를 하다가 육아 때문에 한 명이 회사를 그만둔다면, 사업하는 형제가 파산을 하게 된다면, 아이의 예술적 재능이 뛰어나 비싼 레슨을 받아야 한다면 과연 어떻게 돈을 마련해야 할까?

살다 보면 어떤 형태든 위험에 직면하고, 그것을 해결하기 위한 돈이 필요해진다. 이런 경우 교육자금과 노후생활비라고 만든 통장을 지켜낼 수 있을까? 당장 돈이 필요한 상황이라면 눈물을 머금고 교육펀드, 노후연금을 중간에 깨서 쓸 수밖에 없다. 이것이 좋은 목표를 정하고, 올바른 금융상품을 선택했다 한들 재무목표별 저축통장이 성공할 수 없는 이유다.

실제로 대표적인 장기저축인 개인연금의 경우 10년 유지율은 20퍼센트에 그친다. 10명 중 8명이 중도에 해약한다는 뜻이다. 단기저축인 적금조차도 1년 적금 유지율이 평균 67퍼센트, 3년 적금 유지율은 29퍼센트에 머물고 있는 실정이다. 생각보다 저축을 유지하는 것이 어렵다는 증거다.

아이의 레슨비를 마련하기 위해서 어쩔 수 없이 노후연금을 중도에 해약하면 금전적으로 손해를 본다. 보험은 중도에 해지하면 무조건 손해를 보기 때문이다. 심적인 고통도 무시할 수 없다. 처음 목표를 달성하지 못하고 중간에 포기할 수밖에 없는 상황에 좌절하고, 이렇게 손해

볼 걸 괜히 시작했다고 후회한다. 보람과 기쁨을 줘야 하는 저축이 오히려 좌절감과 후회만 안기고 끝나면 사람들은 저축하는 것에 대해 회의를 느끼기도 한다. 돈 모으는 것보다 차라리 써버리는 게 낫겠다며 자포자기하는 경우도 있다.

중도 해약이 금전적으로 그리고 심적으로 끼치는 피해를 생각하면 재무목표별 저축은 결국 득보다는 실이 더 많다. 특히 원금까지 손해를 볼 수 있는 펀드나 보험상품의 경우에는 더더욱 그 가입에 신중해야 한다. 돈도 손해 보고 마음도 상처 입는 이중 손실을 입을 수 있기 때문이다.

이렇듯 따지고 보면 통장마다 목표별로 이름표를 붙이는 것이 그다지 효율적인 방법은 아니다. 단순해서 실천하기 쉽고, 필요할 때 꺼내 쓸 수 있으며, 무엇보다 소중한 내 돈을 손해 보지 않는 저축 방법이 필요하다. 그런 저축 방법은 2부에서 소개할 것이다.

3장 소비 착각

도대체 왜,
아껴 써도 늘 쪼들릴까요?

- 많이 쓰고 사는 것도 아닌데 늘 돈에 쪼들려요
- 한 푼이라도 절약하려고 세일이나 할인하는 것만 사요
- 신용카드 대금 갚으려고 일하는 것 같아 월급날마다 허탈합니다
- 살 때는 꼭 필요한 것 같아서 샀지만 나중에는 잡동사니가 돼버려요

부부싸움의 원인 중 1순위는 뭘까? 물어보나 마나 돈 문제일 것이다. 소득이 너무 적다는 근본적인 불만도 있지만 살림을 잘 못해서 그렇다는 불만도 있다. 수입이 괜찮은데도 돈에 쪼들리는 집을 보면서 '주부가 살림을 못하거나 과소비를 할 것이다'라고 추측하는 것은 그럴듯해 보인다.

A씨의 남편은 대기업 차장으로 근무하며 세후 450만 원 정도의 적지

않은 급여를 받는다. 그런데도 매달 겨우 생활만 가능하지 저축을 할 수 없다. 오히려 마이너스 통장이 조금씩 늘어나고 있는 중이다. 남편은 왜 우리 집은 맨날 돈이 부족한지, 아내가 과소비를 하는 것은 아닌지 은근히 불만을 드러낸다.

A씨는 억울하기 그지 없다. 알뜰하게 살아보겠다고 웬만하면 버스도 아닌 자전거로 이동한다. 마트에 가면 자꾸 충동구매를 하는 것 같아 마트도 끊었다. 아이들과 남편 옷은 사도 자기 옷은 사본 기억이 가물가물하다. 남들은 다 스마트폰인데 A씨는 구식 휴대폰에 요금도 한 달에 2만 원을 넘겨본 적이 없다. 도대체 내가 뭘 잘못하길래 우리 집은 적자 가계부인지 매일매일이 스트레스다.

비단 A씨 가정만이 아니라, 생활경제상담에서 만난 가정들은 한결같이 나름 알뜰하게 쓴다고 쓰는데 늘 돈에 쪼들린다고 하소연을 한다. 도대체 왜 그런지 원인을 모르니 서로 상대방 탓만 하느라 부부간 갈등도 깊어진다.

마음속 심리계좌는 내가 직접 쓴 것만 지출로 기억한다. 그것만 따지면 '많이 쓰고 사는 것도 아니다'라는 사람들의 생각은 틀리지 않다. 직접 내 손으로 돈을 내는 지출은 얼마 되지 않기 때문이다. 정말 문제가 되는 것은 내가 직접 쓰는 돈이 아니라, 나는 만져보지도 못하고 통장에서 빠져나가는 돈, 즉 고정지출이다.

고정지출은 지출 과정이 내 눈에 보이지 않기 때문에 심리계좌는 돈을 썼다고 기억하지 않는다. 그 결과 심리계좌가 파악하는 지출과 실제 소비액 사이에 큰 차이가 나고, "도대체 쓴 것도 얼마 없는데 왜 남는 돈이 없지."라는 푸념을 늘상 달고 살아가게 된다.

만져보지도 못하고 빠져나가는 고정지출

A씨의 매월 고정지출을 따져 보자. 집을 사기 위해 받은 대출이 1억 원 있다. 이 대출의 원리금상환이 월 75만 원 들어간다. 중학교, 초등학교 다니는 아이들 둘의 사교육비가 한 명당 50만 원씩 100만 원이다. 여기에 네 식구 보험료는 35만 원, 부모님 용돈은 양가 20만 원씩 합해서 40만 원 드린다. 그 외 차 할부금 50만 원, 아파트 관리비 20만 원, 통신비 15만 원, 남편 용돈 30만 원, 정수기와 비데 대여비 5만 원까지 모두 합하면 총 370만 원이다.

표1. A씨 가정의 고정지출 내역

지출 항목	금액	참고
금융비용	75만 원	1억 원 대출이자
사교육비	100만 원	한 명당 50만 원
부모님 용돈	40만 원	양가 20만 원씩
용돈	30만 원	남편 용돈 30만 원
관리비, 보험료, 대여료	60만 원	네 식구 보험료 35만 원, 아파트 관리비 20만 원, 비데 대여비 5만 원
통신비	15만 원	네 식구 통신비 15만 원
차 할부금	50만 원	-
합계	370만 원	-

한번 만져보지도 못하고 빠져나가는 이 고정지출 370만 원을 빼면 A씨가 생활비로 쓸 수 있는 돈은 한 달에 80만 원이다. 생활비는 신용카드로 쓰는데, 한 달에 신용카드 대금이 적어도 70~80만 원은 나오니 카드 대금까지 빠져나가고 나면 이제 통장에 남는 돈은 거의 없다. 이러니 명절이나 경조사가 있는 달은 마이너스 통장에 손을 대지 않을 수 없는 것이다.

A씨는 고정비가 전체 소득에서 차지하는 비중이 80퍼센트에 달한다. 나머지 20퍼센트가 수시로 쓰는 생활비인 식비와 생활용품, 의류비, 문화생활비 등인데, 이 돈을 절약해서 10퍼센트 줄인다고 해도 절감효과는 10만 원 내외밖에 되지 않는다. 결국 고정지출이 큰 상황에서는 살림하는 사람이 과소비할 수 있는 돈도, 절약할 수 있는 돈도 그렇게 많지 않다.

소득이 많으면 문제 없다?

많이 벌면 문제가 없을까? 소득이 상대적으로 많은 집이라고 해도 예외는 아니다. 소득이 많으면 많을수록 오히려 소비 기준이 높아져서 주거, 사교육비, 품위유지비 같은 비용을 더 많이 쓰게 된다.

중소기업 이사인 40대 초반의 L씨, 연봉 1억 원에 40평 대 아파트에서 두 자녀와 행복하게 사는 것처럼 보이는 겉모습과는 달리 늘 돈 문제 때문에 고민이 많다. 그의 가정은 마이너스 통장이 없으면 당장 다음 달도 살 수 없기 때문이다.

L씨는 연봉 1억 원을 받는데 늘 쪼들려 살아야 하는 현실이 답답하기만 하다. 도대체 얼마를 더 벌어야 돈 문제가 해결될지, 솔직히 아내의 씀씀이에 불만이 많다. 그럼 아내는 어떨까? 내가 남들처럼 명품가방 사고 돈을 펑펑 쓰고 사는 것도 아닌데 자신의 소비에 문제가 있다고 생각하는 남편이 원망스러울 뿐이다. L씨 가정에서 돈 문제로 발생하는 부부 갈등의 골은 점점 더 깊어지고 있는 중이다.

우리나라 전체 급여소득자 상위 2퍼센트에 해당하는 L씨도 평범한 사람들과 사정은 크게 다르지 않다. L씨는 연봉 1억 원을 받는 이사라는 직위에 걸맞은 42평 아파트에 산다. 이 집을 사기 위해 2억 원의 대

표2. L씨 가정의 고정지출 내역

지출 항목	금액	참고
금융비용	120만 원	2억 원 대출이자, 마이너스 통장 이자
사교육비	160만 원	첫째 학원 및 과외 80만 원, 둘째 영어, 운동, 피아노 80만 원
부모님 용돈	50만 원	L씨 부모님 용돈 50만 원
품위유지비, 용돈	80만 원	골프비용 30만 원, L씨 용돈 50만 원
관리비, 보험료	80만 원	관리비 30만 원, 보험료 50만 원
통신비	30만 원	네 명 스마트폰, TV, 인터넷
차 할부금	80만 원	중형차 할부금
합계	600만 원	-

출을 받아 대출이자와 마이너스 통장 이자로 매달 120만 원이 나간다. 초등학교와 중학생 자녀의 학원비는 모두 160만 원이다. 여기에 시골에 계신 부모님께 매달 50만 원 생활비를 보낸다. 돈이 없어 장인, 장모님 용돈은 아예 생각도 못하고 있다. 이사라는 직함 때문에 한 달에 한 번은 골프도 쳐야 하고 용돈도 많이 필요해 최소 80만 원은 든다. 아파트 관리비 30만 원, 각종 보험료 50만 원, 네 식구 통신비 30만 원, 중형차 할부금도 매달 80만 원씩 나간다.

연봉 1억 원이라 해도 세 후 수령액은 월 700만 원 정도로, 고정지출을 빼고 생활비로 쓸 수 있는 돈은 100만 원밖에 되지 않는다. 100만 원은 카드값으로도 부족할 때가 많아 마이너스 통장이 없으면 매달 생활이 불가능하다.

L씨의 지출은 상당부분 지위에 걸맞은 넓은 집을 소유해야 하기 때문에, 아이들 사교육을 적어도 옆집만큼은 시켜야 하기 때문에, 가족들이나 주변사람에게 기본적 체면치레를 해야 하기 때문에 발생한 비용들이다. 돈을 많이 벌기 때문에 더 많이 쓸 수밖에 없는 항목들인 것이다. L씨는 매달 만져보지도 못한 채 통장에서 빠져나가 버리는 고정비용 비율이 85퍼센트나 된다. 자신의 실제 소득이 남들보다 많은 1억 원이라고 생각하다 보니 "도대체 내 돈 다 어디 갔을까?" 하는 허탈감도 더 크다.

고정지출 줄이기는 가능할까

재무구조를 개선하고 적자가계부를 흑자로 돌리기 위해서는 수시 생활비가 아니라 고정지출을 구조 조정해야 한다. 그런데 고정지출의 면면을 살펴보면 그것도 쉽지만은 않다. 고정지출에 손을 대는 것은 단단한 각오가 필요하다.

먼저 가장 큰 비중을 차지하는 사교육비부터 보자. 아이 한 명당 80만 원, 하지만 학원 조금 보내는 건데 이것마저 안 하면 아이가 뒤쳐질까 두렵다. 그럼 집? 지금 집을 전세 주고 더 작은 집에 전세로 옮기는 방법이 있지만 작은 집에서 살아야 하는 불편을 감수해야 한다. 그렇다고 차 할부금을 줄이자면 차를 포기하고 살아야 하는 건데 요즘 차 없이 사는 건 상상하기 어렵다. 그나마 부모님 용돈을 줄여야 하나 생각하니 불효자가 된 것 같아 마음이 아프다. 보험료를 덜 내자니 일부는 해지를 해야 하고 지금까지 낸 돈이 아까워 그건 또 하기 싫다.

L씨의 사례는 돈을 더 벌어도 문제가 해결되지는 않는다는 것을 보여준다. 모두에게 '당연히 이 정도는 하고 살아야 한다.'라는 기준이 있다. 사회가 발전하고 소득수준이 높아지면서 이 기준이라는 것도 함께 높아졌다. 소득이 10퍼센트 늘면 가지고 싶은 것도 10퍼센트 늘어난다는 연구결과도 있다. 소득이 늘면 주거환경, 교육, 생활, 지출 기준도 함께 올라가 30평 아파트가 40평으로, 강북에서 강남으로, 중형차가 대형차로 바뀌게 된다. 여기에 맞춰 살아가다 보면 만져보지도 못하고 빠져나가는 고정비가 점점 불어나고, 분명 남들보다 많이 버는 것 같은데도 돈 걱정에서 헤어날 수 없게 된다.

소득이 커질수록 고정지출이 증가하는 것은 개인적인 과소비 성향에서 기인한 것들이 아니라 사회 구조적, 보편적 문제로 봐야 한다. 바꿔 말하면 한국 사회에 살고 있는 사람이라면 누구라도 이 문제에서 예외는 아니라는 뜻이다. 지금 심정이야 연봉 1억 원이면 모자람 없이 쓰고 저축까지 할 수 있을 것 같지만 막상 내가 그 상황이 되면 예외 없이 소득이 늘어난 만큼 많이 써야만 하는 구조에 얽매이게 되는 것이다.

물론, 사회적 시선 등에서 벗어나 자유롭고 현명한 경제 생활을 하는 사람들도 있다. 내게는 중소기업에서 이사로 일하는 지인이 있다. 맞벌이라 부인과 함께 연 1억 원 정도 소득이 되는 분이다. 이분은 아들이 군대를 가자 17평 아파트로 이사를 했다. 둘이 살면서 넓은 집은 필요 없다는 평소 생각을 실천한 것이다. 집이 작으니 불필요한 살림살이도 다 정리되었다고 한다.

남들은 명색이 기업 이사가 17평 아파트에 사니 궁색해 보인다며 핀잔을 준다. 그러나 남들의 시선이나 생각을 무시하고 17평 아파트로 이사할 정도의 결단을 내려야만 고정지출을 줄일 수 있다. 지금의 지출 구조 속에 머물러 있으면서 막연히 아껴 써서 재무상태를 개선시킬 수 있으리라 생각하는 것은 환상에 지나지 않는다.

고정비를 줄이기 위해서는 무엇보다 결단이 필요하다. 사교육비, 주거비, 보험료, 차 유지비 등 다 포기하기 어려운 것들이다. 결국 편리함과 욕망에 이끌려 살 것이냐 불편함을 감수하고 실속을 챙길 것이냐 중 하나를 선택해야 한다. 그래야 막연히 쓰는 것도 없는데 돈에 쪼들린다는 답답함에서 벗어날 수 있다.

신용카드는 혜택이 아니다

우리가 살고 있는 세상은 돈이 물건보다는 더 가치 있는 세상이다. 돈만 있으면 유형, 무형의 어떤 상품이라도 살 수 있기 때문이다. 그래서 사람들은 그 무엇보다도 돈을 원하고 그 돈을 가지기 위해서 일을 한다. 마침내 월급날이 되어 돈이 수중에 들어오고, 그 돈을 물건과 바꿔 그 물건의 소유자가 될 때 우리는 힘과 권력이 솟아나는 기분을 느낀다.

> 바로 그 순간! 내 손가락이 반드르르하고 빳빳한 새 쇼핑백의 손잡이를 감싸 잡는, 그리고 그 안에 들어 있는 온갖 찬란한 새 물건들이 당신의 것이 되는 바로 그 찰나의 기분이 어떠냐? 며칠을 쫄쫄 굶다가 버터를 바른 따끈한 토스트를 한 입 가득 베어 물었을 때의 그 기분 같다. 자고 일어나서 그날이 주말이라는 것을 깨달았을 때의 그 기분 같다. 그 밖의 모든 것은 마음에 들어오지 않는다. 그것은 순전히 자기 자신만을 위한 쾌락이다.
>
> _소피 킨셀라, 『쇼퍼홀릭』 중에서

우리가 소비를 했을 때 느끼는 쾌락을 『쇼퍼홀릭』이라는 소설에서는 이처럼 생생하게 묘사하고 있다. 누구나 맘에 드는 물건을 샀을 때 이런 느낌을 가지지 않을까 싶다. 그런데 이러한 쾌락은 유감스럽게도 오래가지 않는다. 기분 좋게 쇼핑백을 들고 집으로 돌아왔지만 막상 사온 물건이 온전히 내 것이 되어 버리자 '내가 정말 이 물건들을 잘 산 것일까?'라는 의구심과 함께 왠지 모를 허전함과 상실감이 든다.

 이런 감정은 앞에서 이야기한 돈의 무한한 능력과 관련이 있다. 돈을 소비하지 않고 온전히 가지고 있었더라면 무엇이라도 살 수 있는 가능성이 그대로 남아 있지만, 돈을 써버리고 나면 더는 무언가를 살 수 없다. 물건을 얻었다고는 하나 그것은 마음대로 교환할 수 없는 물건일 뿐이고, 다시 되판다 한들 원래 샀던 값만큼은 받을 수 없다. 결국 무엇인가를 소비한 순간, 그만큼의 힘과 권력이 사라지게 되고 상실감을 느끼게 되는 것이다.

 우리 마음은 이러한 상실감을 느끼고 싶어하지 않는다. 10만 원짜리 물건이 있다면, 심리계좌는 그 물건이 10만 원의 가치가 있는지 확신이 들지 않는 한 사지 않으려 한다. 현금 10만 원을 수중에 갖고 있을 때는 무엇과도 교환할 수 있지만 물건을 사게 되면 그러한 가능성이 사라지기 때문이다. 현금을 쓰면, 그 어떤 물건보다도 가치 있는 '돈'이 내 지갑에서 없어지는 것을 직접 눈으로 확인할 수 있다. 이렇게 현금 사용은 신중한 소비로 이어진다.

 반면에 신용카드로 소비하는 것은 어떠한가? 10만 원짜리 물건을 사고 싶은데 나에게는 현금이 아닌 신용카드만 있다. 신용카드로 물건을 사면 내 돈이 없어지는 모습이 눈 앞에 보이지 않는다. 눈에 보이지 않는 돈을 쓰니 돈 쓰는 것에 대한 경계심이 사라진다. 돈을 쓴 것 같지도 않은데 물건을 주니 심지어 소비가 공짜처럼 여겨지기도 한다. 그래서 신용카드를 쓰면 자연스럽게 소비가 늘어나는 것이다.

같은 10만 원을 쓰는데도 현금을 쓸 때와 신용카드를 쓸 때, 심리계좌는 이처럼 다르게 인식한다. 내 지갑 속의 현금은 꺼내 쓰기 싫어하지만 신용카드는 지금 돈이 없어지지 않고, 물건까지 가질 수 있다는 이유로 공짜로 여긴다.

더 나쁜 것은 이러한 오류 덕분에 소비에 따른 상실감까지 커진다는 것이다. 현금을 쓰는 경우 손해를 보지 않기 위해 돈과 물건을 최대한 신중하게 교환하려다 보니, 소비 후 없어진 돈에 대한 상실감이 상대적으로 적다. 그러나 신용카드는 고민의 과정이 생략되기 때문에, 한 달에 한 번 몰아서 빠져나가는 카드대금을 보고 느끼는 상실감이 말할 수 없이 크다.

세상에 공짜는 없다

신용카드를 사용할 때 얻는 각종 혜택이나 할인이 과연 이런 손해와 상실감을 메워줄 수 있을까? 신용카드 회사들은 온갖 혜택으로 무장하고 소비자들을 유혹한다. 할인, 포인트, 무료입장, 소득공제 등 이런 혜택을 꼬박꼬박 잘 챙겨야 현명한 소비자라고 선전한다. 그리고 우리는 한 푼이라도 아끼고 싶은 마음에 영화티켓 할인용, 놀이공원 할인용, 주유 할인용 등 여기저기서 신용카드를 발급받아 지갑은 항상 불룩하다.

신용카드가 소비의 경계심을 없애 소비 자체를 늘린다는 사실을 생각하면 이러한 혜택은 무시해도 좋은 수준에 불과하다. 특히 신용카드의 각종 혜택들은 무조건 얻을 수 있는 공짜가 아니라 혜택받을 수 있는 금액의 수십 배 또는 수백 배를 써야지만 얻을 수 있다. 포인트만 따져 봐도 일반적인 포인트 적립률은 0.5퍼센트 정도로, 만 원의 포인트를 얻기 위해서는 200만 원을 써야 한다. 포인트 많다고 좋아하기 전에 그만큼 내가 돈을 많이 썼다는 것부터 생각하는 것이 옳다.

선 포인트 할인도 마찬가지다. 내 돈 안 썼는데도 물건을 주니 공짜 같아 처음에는 좋지만 그 포인트를 채우기 위해서 써야 할 신용카드 대금을 따져보면 그냥 내 돈 주고 사는 것이 속 편하다는 것을 알게 된다. 세상에 공짜는 없다는 말, 바로 신용카드 혜택을 두고 하는 말이다.

가장 허탈한 날이 되어버린 월급날

신용카드가 일상적인 지불 수단이 되면서 가정경제도 큰 변화를 겪게 됐다. 신용카드가 없던 우리 부모님 세대는 빚을 지고 살지 않기 위해서 '벌고→그 한도 내에서 쓰고→남은 것을 저축'하는 순서로 살았다. 그러나 신용카드를 사용하게 되면서 '먼저 쓰고→벌고→갚는' 구조로 변했다. 부모님 세대가 열심히 일해서 번 '내 돈'으로 살았고 나와 내 가족을 위해서 살았다면, 신용카드 세대

나서민 | 12.31. 08:57
월급님이 로그인하셨습니다. 국민카드 : 퍼가요~♡ 롯데카드 : 퍼가요~♡ 신한카드 : 퍼가요~♡ BC카드 : 퍼가요~♡ 국민연금 : 퍼가요~♡ 의료보험 : 퍼가요~♡ 교통카드 : 퍼가요~♡ 올레 : 퍼가요~♡ 월급님이 로그아웃하셨습니다.

는 내 돈이 아니라 빚으로 사는 삶이고, 나와 내 가족을 위해서가 아니라 빚을 갚기 위해 일하는 삶이 됐다.

신용카드는 이렇게 노동 의욕과 삶에 대한 의욕마저 떨어뜨린다. 나와 내 가족이 행복하게 살기 위해 일하는 것이 아니라 신용카드 대금을 갚기 위해 일하는 것이라고 생각하니 삶이 더 불행해질 수밖에 없다. 신용카드가 없던 시절에는 월급날은 한 달 중 가장 기쁜 날이었다. 하지만 지금 월급날은 빚을 갚고 나면 남는 돈이 없는 가장 허탈한 날이 되어버렸다. 부모님 세대보다 삶의 질이 향상되고, 훨씬 많이 쓰고 살고 있음에도 더 불행하다라고 느끼는 근본적인 원인은 가정경제가 외상경제, 빚경제가 되어버렸기 때문이다.

신용카드 사용이 적을수록 잘 사는 나라

우리나라는 신용카드에 의존하는 비중이 선진국에 비해서 유난히 크다. 우리나라 국민 한 사람이 한 해에 긁는 신용카드 거래 건수는 평균 116.1건이다. 국제결제은행(BIS) 산하 지급결제제도위원회 23개 회원국 가운데 1위다. 하위권인 독일은 5.9건이다. 영국의 35.1건과 비교해도 압도적으로 많다. 심지어 신용카드 천국이라는 미국의 69.5건보다도 두 배 더 많다.

소비자의 힘이 강하고 신용이 발달한 나라에서조차 신용카드보다는 직불형카드, 즉 현금결제를 훨씬 더 많이 하고 있다는 사실은 시사하는 바가 크다. 소비자의 권리가 신용카드 혜택을 잘 챙기고 요구하는 것이

표3. 1인당 연간 신용카드 거래 건수

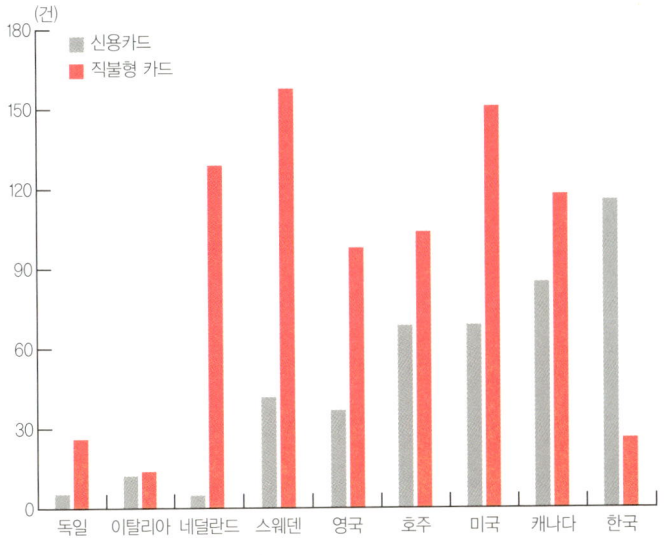

• 2010년 기준(자료: CPSS(2012))

아니라 실은 신용카드 자체를 쓰지 않는 것임을 이들이 보여주고 있다.

신용카드는 편리함과 다양한 혜택으로 무장하고 소비자들을 현혹한다. 우리는 마음만 먹으면 어느 때든 명품가방을 구입할 수 있고 해외여행도 떠날 수 있다. 또한 갑자기 돈이 필요할 때, 남들에게 아쉬운 소리 할 필요 없이 신용카드 현금 서비스를 이용할 수도 있다. 늦은 밤 모든 상점들이 문을 닫아도 인터넷만 있으면 얼마든지 신용카드로 쇼핑할 수 있다. 수중에 당장 돈이 없어도 소비할 수 있다는 신용카드의 치명적 유혹에 저항할 수 있는 사람은 많지 않다. 우리는 온통 소비의 유혹에 둘러싸여 살고 있기 때문이다.

신용카드도 현명하게 사용하면 득이 될 수 있다는 것은 그저 환상에 불과하다. 앞에서 설명한 것처럼 우리 마음속 심리계좌는 신용카드를 만나면 합리적인 판단을 하지 못하기 때문이다. 만약 심리계좌의 착각을 극복하고, 돈 쓰고 나서 후회하는 상실감을 느끼지 않을 자신이 있다면 신용카드를 써도 좋다. 하지만 불행히도 본능적으로 유혹에 약한 우리 인간이기에, 그것은 결코 가능하지 않은 도전이 될 것이다.

세일은 함정이다

사람들은 물건을 싸게 구입할 수 있다는 점에서 세일은 소비자들을 위한 행사이고, 더불어 세일을 잘 이용할 줄 아는 사람은 현명한 소비자라고 인식한다. 그래서 '싸게 잘 샀다'라는 만족감은 단순히 재화를 취하는 것만으로 끝나지 않는다. 싸게 구매했다는 사실은 나를 능력 있는 사람, 똑똑한 소비자로 여겨지게 하고 자부심을 느끼게 한다. 이렇게 본다면 세일은 물건뿐만 아니라 자부심까지 느끼게 해주는 아주 고마운 존재일지도 모르겠다. 그러나 세일 상품을 샀을 때 느꼈던 자부심과 만족감이 시간이 지나면 허무함과 후회로 바뀌는 것을 누구나 경험해봤을 것이다. 왜 사람들은 이런 이중적인 느낌을 갖게 되는 것일까?

대부분의 사람들은 스스로를 이성적이고 균형 잡힌 시각을 지닌 소비자이고, 소비를 할 때 올바르고 합리적인 결정을 내린다고 생각한다. 그렇다면 물건을 구매하는 첫 번째 조건은 '필요'해서여야만 한다. 그러나 세일과 할인은 구매의 첫 번째 조건을 '필요'에서 '가격'으로 바꾸는 마법을 부린다. 구매라는 행위에는 사람들의 이성이 아닌 심리적 요소가 더 많이 작용하기 때문이다.

예를 들어 여행을 간다고 해보자. 막상 여행보다는 여행을 가기 전 기대감이나 흥분에 더 행복했던 경험이 있을 것이다. 공포영화를 볼 때도 그렇다. 가장 크게 공포를 느낄 때는 무서운 장면이 아니라 무서운 장면이 나올 것 같은 '공포에의 기대'가 있을 때다. 여행 자체, 공포 자체보다는 오히려 그것을 기대하는 기대감과 흥분이 사람들의 만족도에 더 큰 영향을 끼친다.

이런 현상은 세일로 물건을 구매하는 과정에도 똑같이 적용된다. 세일을 한다는 광고나 간판 또는 홈쇼핑을 본다. 이 순간 우리는 '물건 그 자체'가 아니라 '싸게 산다'는 가능성에 대한 기대감과 흥분이 생긴다. 이러한 감정의 흥분은 곧이어 이 물건이 정말로 필요한지 여부를 판단하는 이성을 교란하기 시작한다. 만약 세일 시간이 정해져 있기라도 한다면(타임 세일, 홈쇼핑 방송 중에만, 오늘 하루만 등) 이런 흥분과 교란은 극대화되고 결국 유혹을 이기지 못한 소비자의 손에는 어김없이 빳빳한 쇼핑백이 들린다. 덧붙여 충동구매라는 후회를 방지하기 위한 적당한 자기 합리화도 빠짐 없이 등장한다. "이건 정말 필요한 물건이야." "아니 뭐, 내가 정 필요하지 않으면 동생이랑 언니와 나눠 쓰면 되니까."

손실을 이익으로 바꾸는 할인의 마법

할인은 돈을 쓰는 것에 대한 심리계좌의 판단을 묘하게 바꿔 놓는다.

'물건을 구매하는 것=돈을 쓰는 것=손해'라는 것이 일반적인 생각이다. 그런데 세일은 '할인해서 사는 것=돈을 절약하는 것=이익'이라는 새로운 방식으로 생각하게 만든다. 이렇게 심리계좌에서 손실이 이익으로 재구성되면 사람들은 세일을 통해서 물건을 구매하는 것을 이익이라 생각하고 적극적으로 구매에 가담한다.

예를 들어 '5만 원짜리 원피스를 산다'라고 하면 심리계좌는 '5만 원이 계좌로부터 사라진다=손해'라고 인식한다. 하지만 '10만 원짜리 원피스를 5만 원에 산다'라고 하면 심리계좌는 '5만 원 절약이다=이익'으로 이해한다. 같은 금액의 돈을 쓰는 것임에도 불구하고, 세일이나 할인이라는 개념이 개입을 하면 사람들의 태도나 생각이 이처럼 달라지게 된다. 그 결과 주저함 없이 지갑을 열고 물건을 사게 된다.

세일을 통해 할인을 받으면 사람들은 마치 '승자'가 된 것처럼 느낀다. 그래서 습관적으로 홈쇼핑 채널을 보면서 쇼핑 호스트의 목소리에 귀를 기울이고, 세일 간판만 봐도 기대감으로 흥분을 느끼며 그곳에 끌려 들어가게 된다. 하지만 소비가 끝나고 나면, 이 물건을 내가 가장 소중하게 생각하는 돈과 교환했다는 것을 깨닫게 된다. 여기서 오는 허무함과 후회는 '필요'가 아닌 '거래'에 만족하고 세일의 유혹에 넘어가는 한 피할 수 없는 감정들이다. 세일 때 샀으니 다른 사람은 받지 못한 할인을 받았다. 그래서 거래에 승리했다고 느끼는 만족감은 우리를 더 많이 소비하게 하고 결과적으로는 더 많이 후회하게 만드는 악순환을 되풀이하게 만든다.

돈을 쓰고 있나요? 버리고 있나요?

무언가를 살 때 불필요한 것이라고 생각하면서 돈을 쓰는 사람은 없다. 당연히 이건 나에게 필요하다 생각하고 돈을 쓴다. 더불어 이 소비를 통해 내 삶이 좀 더 편안하고 편리해지기를 기대한다. 그러나 현실도 정말 그럴까?

아이가 있는 집이라면 방 하나는 오래된 장난감, 안 쓰는 살림살이, 안 보는 책 같은 잡동사니로 가득 차 있다. 뭐가 들어 있는지 정확히 모른 채 늘 꽉 차 있는 냉동실은 문 열 때마다 뭐 하나라도 툭 떨어져 깜짝깜짝 놀란다. 김치냉장고도 이미 가득 차 있어서 냉동고라도 하나 더 사야 하나 고민이다. 러닝머신은 빨래 걸이로 용도 변경된 지 오래고, 그 향은 유혹적이지만 번거로움 때문에 원두커피 메이커 위에는 먼지만 쌓이고 매일 아침 믹스 커피를 마신다. 영양도 좋고 맛도 좋은 간식을 만들어보고자 야심차게 구입한 오븐은 빵 한쪽을 만들기 위해 투자해야 하는 시간과 노력이 너무 크니 점점 사용 횟수가 줄어든다. 유행이니까 싸니까 예뻐 보이니까 산 옷들은 결국 철 지나고 유행 지나면 햇볕 한 번 못 보고 옷장 속에서 잠자게 된다. 식기세척기, 정수기, 음식물 쓰레기 건조기, 전자레인지에 김치냉장고까지 자리를 차지하고 있는 부엌은 맘 편히 도마질할 공간조차 허락하지 않는다. 물론 이 물건들 모두 내가 돈을 지불하고 산 것들이다. 하지만 처음 소유했을 때의 만족감은 그리 오래 가지 못하고, 결과적으로 나의 소유물들은 내가 편히 쉬어야 할 공간까지 기세 좋게 침범하고 있다.

이렇게 쓰지 않고 쌓아 놓고만 있는 잡동사니들 때문에 늘 집이 좁다고 불평한다. 넓은 집에 살고 있는 친구들이 부러워 괜히 스스로 신세 한탄을 하기도 한다. 결국 더 넓은 집으로 이사하기 위해 수천만 원의 빚을 기꺼이 감수한다. 그렇게 해서 구한 더 넓은 집, 더 큰 냉장고를 한 번도 쓰지 않거나 들춰보지 않을 잡동사니와 유통기한 지난 음식들로 다시 채운다. 잡동사니 채우느라 이사한 더 큰 집에서 난방비, 관리비, 전기세를 추가로 더 지출한다. 상황이 이러하다면 이건 돈을 쓰는 것일까? 아니면 버리는 것일까?

돈이 없어 불행하다고 생각하고, 돈을 더 많이 벌어야 한다는 중압감과 압박감에 엄청난 스트레스를 받으면서도 우리는 정작 매일매일 잡동사니 소비로 버리고 있는 돈은 무시한다. 이런 소비들이 내 평생에 걸쳐 일어난다고 했을 때 그 총합은 상상 이상으로 커진다. 잡동사니를 많이 가지고 있으면 있을수록 보관과 유지를 위한 고정비가 늘어나고 이 고정비는 매달 꼬박꼬박 발생하기 때문이다.

잡동사니를 모시고 사느라 집이 좁다고 5평 더 넓은 아파트로 이사를 간다고 해보자. 평당 1000만 원이라고 해도 5000만 원이 필요하다. 이 돈을 은행에 넣으면 한 달 이자로 20만 원이 나온다. 만약 이 5000만 원을 빚으로 충당한 경우라면 이자까지 물어야 한다. 넓은 집이라 더 내야 하는 관리비까지 더하면 한 달에 25만 원을 잡동사니를 보관하느라 지불하는 꼴이다. 이 돈을 10년 동안 저축한다면 자녀의 대학등록금도 충당할 수 있다.

지금이라도 좁은 집이나 적은 수입을 한탄하지만 말고, 단순하지만 여유 있는 공간과 삶을 만들어보는 것은 어떨까? 절약되는 돈만큼 삶에 대한 만족도도 늘어날 것이다.

4장 자산 착각

당장 쓸 돈은
있으신가요?

- 내 집부터 장만하라는 말대로 한 것뿐인데 하우스 푸어가 되었어요
- 부동산은 불패라는데 언젠가는 집값 오르겠죠. 그럼 좀 나아지지 않을까요?
- 내가 사면 떨어지고 팔면 오르는 게 주식이고 펀드예요
- 보험 많이 들어놨는데 잘한 일인지 모르겠어요

자산이 많으면 돈 걱정 없이 살아야 할 것 같다. 그러나 비싼 집이 있다고, 땅 부자라고, 주식투자 고수라고 해도 진짜 부자는 아닐 수 있다. 자산의 특성상 정작 내가 필요할 때 꺼내 쓸 수 없거나, 돈을 보태주기는커녕 비용만 발생시키는 돈 먹는 하마일지도 모른다. 혹시 당장 쓸 돈도 없으면서 강남에 사둔 아파트가, 시골에 있는 땅이 있으니 괜찮다고 생각하고 있는가? 소비는 모두 신용카드로 돌려 막으면서 주식만 오르면 당장 다 해결할 수 있다고 큰소리 치고 있지는 않은가?

마음속 자산일 뿐인 부동산

자산은 통장 잔고만을 의미하지 않는다. 내가 살고 있는 집과 소유한 땅도 자산이고 주식 계좌에 들어 있는 주식과 펀드도 자산에 속한다. 우리 마음속 심리계좌는 이 모든 것을 합한 금액을 '내 돈'이라 기억한다. 예를 들어 살고 있는 아파트가 4억 원이고 시골에 있는 땅이 1억 원, 주식 1000만 원, 펀드 1000만 원이 있으면, 심리계좌로 봤을 땐 이를 모두 합한 총 5억 2000만 원이 우리 집이 보유한 돈이다.

5억 2000만 원은 상당한 금액이다. 그런데 이 금액은 당장 쓸 수 없는, 단지 숫자에 불과하다. 이 금액이 단순히 심리계좌의 숫자가 아닌 내 돈이 되기 위해서는 세 가지 조건을 만족시켜야 한다.

첫째, 스스로 수익을 발생시켜야 한다. 집이나 땅의 호가만 오른 것은 아무런 의미가 없다. 통장에 실제로 찍히는 수익이어야 의미가 있다. 수익을 발생시키지 않으면 실제 자신의 생활에 아무런 영향을 끼치지 못하기 때문이다. 살고 있는 아파트, 시골에 있는 땅은 모두 수익을 창출하지 못한다.

둘째, 돈이 필요할 때 꺼내 쓸 수 있는지 여부다. 당장 500만 원이 필요한데 꺼내 쓸 수 없다면 이것은 내 돈으로써의 역할을 하지 못한다. 물론 담보로 대출을 받을 수 있지만 이건 공짜가 아니라 이자를 내야 한다. 부동산은 보유하고 있는 동안 필요할 때 현금화할 수 없다는 점에서 내 돈으로 보기 어렵다.

셋째, 소유하고 있을 때 비용이 발생하지 않아야 한다. 수익을 만들지 못하더라도 지출을 일으키지는 말아야 한다는 것이다. 그러나 부동산 자산의 경우 보유하는 동안 각종 세금으로 지출이 발생한다. 돈을 보태 줘도 시원찮은 판에 돈을 빼앗아가는 것이다.

강남 아파트, 진짜 좋을까?

오늘 친구 모임에 다녀온 결혼 15년 차 K씨는 친구들의 부러움을 한 몸에 받아 기분이 좋다. 결혼할 때만 해도 K씨는 남편이 회사 이름도 낯선 중소기업 직원이라는 것 때문에 은근한 열등감이 있었다. 그러나 K씨가 강남 아파트에서 산다는 이유만으로 모든 상황은 역전되었다. 친구들은 여전히 전세에 살고 있는 것에 비해 K씨의 강남 아파트는 최고 10억 원까지도 갔었고 지금도 8억 원 가까이 간다. 오랜만에 본 친구들이 어디에 사냐고 물어볼 때마다 강남에 산다고 이야기하면 내심 뿌듯하고 '내 인생은 어느 정도 성공했다.'라는 자부심까지 든다. 10억 원 아파트를 소유한 강남 주민이라는 사실만으로 상류층이 된 기분이다.

내 집 마련은 대한민국 모든 사람들의 소망이다. 집 주인 눈치보지 않고, 전세금 올려줄 걱정 없이 살 수 있는 내 집이 있다는 것은 심리적으로 커다란 안정감을 준다. 그러나 이런 심리적 안정감만 바라고 사람들이 집을 사지는 않는다. 집값이 올라서 내 자산이 불어나리란 기대 또한 집을 사는 이유다. 아무리 내 집이 주는 안정감이 의미가 있다 하더라도 앞으로 집값이 떨어진다면 그 누가 집을 사겠는가?

70년대 강남 미나리 밭이 금싸라기 땅이 되어 벼락부자가 된 사람들의 이야기부터, 자고 나면 수천만 원씩 올랐던 2006년 강남 재건축 아파트까지, 우리나라에서 '부동산 불패'는 하나의 사회적인 믿음이고 신화라고 해도 과언이 아니다. 강남에 집 한 채 가지고 있다면 부러움의 대상이 되기 충분했다.

친구들에게 부러움의 대상인 K씨의 실제 삶은 그리 편하지만은 않다. 남편이 실제 수령하는 월급은 300만 원 정도로 강남에 살면서 네 가족 생활비와 아이들 사교육비를 감당하기에 모자란다. 결국 K씨는 자녀들의 사교육비를 벌기 위해 요즘 파트타임으로 마트에서 일을 해서 빠듯한 생활비를 보태고 있다.

얼마 전에는 부모님 입원비를 감당할 돈이 없어 집을 담보로 대출을 받았다. 벌써 세 번째 담보 대출이다. 급하게 돈 쓸 일이 생길 때마다 집을 담보로 대출을 받다 보니 대출금액이 어느새 3000만 원을 넘어섰다. 가뜩이나 빠듯한 생활에 대출이자까지 점점 늘어나니 적자는 계속 커져만 간다.

비싼 집에 살고 있으면 그만큼 부자인 것일까? 그렇지 않다. 이것은 자산의 잘못된 계산에서 비롯된 오류다. 부동산은 심리적 자산이지 꺼내 쓸 수 있는 돈으로써의 자산, 즉 '내 돈'이 아니기 때문이다. 앞에서 이야기한 내 돈의 조건을 가지고 따져보자. 첫 번째 조건, 내가 살고 있는 집이 수익을 발생시키고 있는지 여부다. 집값이 올랐다고 해도 통장에는 돈이 불어나지 않는다. 집은 내가 주거용도로 사용하는 것으로 그 역할을 충분히 하고 있을 뿐이다.

두 번째 조건, 꺼내 쓸 수 있는지 여부는 어떠한가? 내 돈은 필요하면 언제든지 꺼내 쓸 수 있지만 집은 그렇지 못하다. 베란다만 떼서, 화장실만 떼서 팔 수는 없지 않은가? 결국 급하게 돈이 필요하면 담보로 대출을 받는 수밖에 없다. 아무리 비싼 집을 소유하고 있더라도 돈이 필요할 때마다 빚을 내야 한다면, 집이 없는 사람과 다를 것이 없다.

세 번째 조건, 집은 더군다나 비용을 발생시킨다. 그리고 이 비용은 부동산 규모가 클수록 더 커진다. 큰 집에 살수록 관리비를 더 내야 하고 시골에 가지고 있는 땅이나 산은 넓을수록 세금을 많이 내야 한다. 더구나 이 비용들은 내가 돈이 없다고 내지 않아도 되거나, 절약하고 아낄 수 있는 성질의 것이 아니다. 부동산을 소유하고 있다는 그 사실 하나만으로 매달 또는 매년 꼬박꼬박 내야 하는 고정지출이다. 돈을 보태주기는커녕 뺏어가는 자산이다.

더구나 이런 고정지출은 가정에 재무적 문제가 발생하는 경우 커다란 짐이 될 수 있다. 맞벌이를 하다가 외벌이가 되는 경우, 경제적 가장이 실직을 하는 경우 수입이 급감하게 된다. 그럼에도 부동산에 따른 비용을 감당하느라 빚이 늘어날 수도 있다. 자산이 있다는 것이 오히려 빚을 늘리는 원인이 되는 것이다.

심리계좌 착각이 만들어낸 하우스 푸어

"내 집이 있어도 가난하다."라는 말을 4~5년 전까지만 하더라도 사람들은 전혀 받아들이지 않았다. 내 집이 있다는 것은 설령 그것이 담보대출을 받아서 샀을 망정 부의 상징이었고 부러움의 대상이었다.

하지만 2012년 현재 우리나라 가계부채 1000조 원 중에서 67.7퍼센트를 주택 담보대출이 차지하고 있다. 한 신문사의 여론 조사에서 자가주택 소유자의 48퍼센트가 "나는 하우스 푸어다."라고 응답했다. 문제는 부동산 거래는 계속 줄어들고 있음에도 주택 담보대출이 점점 늘어나고 있다는 사실이다. 이것은 소득은 증가하지 않는 상황에서 담보 대출을 갚느라 부족한 생활비나 자녀교육비를 충당하기 위해 추가 대출을 일으키는 악순환이 확산되고 있음을 의미한다. 빚이 빚을 낳는 최악의 상황에 직면한 것이다.

그런데 앞으로 집값이 오른다면 어떻게 될까? 이건 하우스 푸어에게 과연 희소식일까? 과거 2006~2007년처럼 집값도 오르고 거래도 활성화되었다고 가정해보자. 시세차익이 생겼다고 집을 팔 수 있을까? 더 오를 것이라는 기대감에 팔지 않을 가능성이 높다. 이 경우에 심리계좌 속 돈은 늘어날지 모르지만 '내 돈', 즉 내 통장에 들어 있는 진짜 돈은 늘어나지 않는다. 하우스 푸어 상태는 그대로다.

집을 판다면 어떨까? 그러나 주거를 위한 집은 필요하다. 우리 집만 오른 것이 아니기에 비슷한 수준의 집을 다시 산다면 역시나 상황은 그대로다. 집값이 올랐지만 집을 팔든 안 팔든 빚도 그대로고 여전히 생활에 쪼들려야 하는 하우스 푸어 신세다.

그럼 하우스 푸어를 탈출하려면 어떻게 해야 하나? 더 오를 것이라는 욕심을 접고 과감히 집을 팔아야 한다. 그리고 그 돈으로 빚을 갚고 남은 돈에 맞는 집을 구해야 한다. 물론 생활 조건이나 환경은 분명 이전보다 낮아질 것이다. 내 집이었으면 전세로, 강남이었다면 강북으로, 30평 대 집이었다면 20평 대로, 지하철역 도보 10분이 마을버스를 타야 하는 상황으로 바뀔 것이다. 결국 주거비의 구조조정, 생활비의 구조조정 없이는 아무리 집값이 올라도 하우스 푸어에서 탈출할 수 없다는 이야기다.

집값이 떨어지는 상황에서도 그리 다르지는 않다. 집값이 올라도 욕심 때문에 집을 팔려고 하지 않지만 떨어져도 사람들은 본전 생각에 집을 팔기 어렵다. '내가 얼마에 샀는데……. 손해 보고 팔 수는 없지.'라고 생각하는 것이 인지상정이다. 그러다 '어차피 집은 필요하니 그냥 내 집이라 생각하고 눌러앉아 살자.'라고 자포자기하게 된다. 결국 하우스 푸어의 삶은 계속 반복된다.

자산 구조 조정이 필요하다

하우스 푸어에서 벗어나려면 은행 빚을 갚아야 한다. 빚을 갚고 나머지 돈으로 집을 얻는 디그레이드를 각오해야 한다. 하우스 푸어라는 상황에서 벗어나기 위해서는 고통스럽지만 경제적 구조 조정이 필수다.

40평 대 아파트를 보유했지만 담보대출 2억 원 때문에 마이너스 통장만 늘어가는 한 가정을 상담한 적이 있다. 아파트 매각도 생각해봤지만 집값 하락으로 매수자들이 거저 먹으려 든다며 집은 팔지 않겠다고 했다. 그럼 지금 집을 전세 주고 더 작은 평수로 옮겨 일부 빚을 상환하는 것은 어떠냐고 제안했으나 부인의 대답은 부정적이었다.

"물론 그 방법도 생각해봤어요. 그런데 아이들이 더 작은 집으로 이사하는 걸 싫어하더라고요. 한창 예민한 때이기도 하고 아이들이 위축될 거 같아 집을 줄여 이사 가는 건 포기했어요."

내가 지금 살고 있는 환경과 조건을 포기하는 것은 이처럼 쉬운 일은 아니다. 말이 구조 조정이지 실제로 감당해야 할 심리적 상실감과 절망감이 무척 클 것이다. 아이들이 받을 상처까지 생각하면 나의 무능함을 세상에 드러내는 것 같아 자괴감도 들 것이다.

자산 구조 조정, 즉 집을 매각하는 것이 어려운 이유는 또 있다. 과감히 집을 팔고 전세로 옮겼는데 내가 팔고 나니 집값이 올라가지 않을까 하는 두려움이 그것이다. '그때 괜히 집 팔았어.'라는 후회가 두려워 아무런 행동도 하지 않은 채 현실에 머무르고 있는 것이다.

결론적으로 우리는 두 가지 사실을 알 수 있다.

① 집은 그 가격이 오르든 내리든 팔기 어렵다.
② 주거비와 생활비의 구조조정 없이 하우스 푸어 탈출은 불가능하다.

집을 재테크 수단으로 생각했기 때문에 집값 폭등을 부러워했고, 언론과 재테크 책은 이를 부추겼으며, 그래서 빚을 지더라도 집을 샀다. 돈을 벌어야겠다는 욕망, 부자가 되고 싶다는 바람이 나쁜 것은 아니다. 누구도 그 욕망과 바람에서 자유로울 수는 없다. 그러나 '집값 상승=자산 증식'이 착각이라는 것, 내가 살고 있는 집은 심리계좌에 들어 있는 심리적 자산일 뿐 내 돈이 될 수 없다는 점을 정확하게 인지해야 한다. 집값이 오른다 한들 내 마음속 심리계좌만 불렸을 뿐 정작 나에게는 '하우스 푸어'라는 달갑지 않은 현실이 기다리고 있기 때문이다.

올라도 떨어져도 꺼내 쓸 수 없는 투자자산

주식이나 펀드에 투자한 금융투자자산(이후 투자자산으로 통칭)은 부동산과는 달리 내 돈이 될 수 있을까? 투자자산은 부동산과 달리 실제 계좌에 들어 있고 그 가격이 통장에 찍혀 있다는 점에서 내 돈이라 생각할 수도 있다. 그러나 투자자산 역시 심리적 자산일 뿐 내 돈이 될 수는 없다. 올라도 떨어져도 꺼내 쓸 수 없는 심리계좌의 한계를 극복하기 어렵기 때문이다.

펀드, 3년 이상 하면 성공한다?

10여 년 전만 하더라도 돈을 모으고 불리는 금융상품은 예금과 적금이 주류였다. 그러나 지금은 상황이 다르다. 주식에 투자하는 펀드는 필수 금융상품이 되었다. 하지만 펀드는 원금 손실을 각오하고 하는 투자이기 때문에 신중해야 한다.

펀드 투자에 대해서는 수많은 재테크 서적, 경제 전문가 등 하나같이 비슷한 답변을 한다. 먼저 왜 돈을 모으는 것인지 재무 목표를 세우고, 적어도 3년 후에 써야 할 재무 목표에 맞춰 3년 이상 꾸준히 투자하라는 것이다.

2003년도에 아이가 중학교에 입학한 A씨, 아이의 대학 학자금을 마련하기 위한 방법을 고민하다가 6년 후에 쓸 생각으로 펀드를 선택했다. 적립식으로 꾸준히 하니 수익률도 아주 높았다. 2006~2007년 펀드 열풍 때는 자신의 선견지명에 스스로 흐뭇해하기도 했다. 대학 학자금은 충분히 마련되었다 생각하고 안심하던 때, 2008년 금융위기가 닥쳤다. 그동안 높은 수익률 덕분에 커진 펀드 잔고는 주식시장의 하락과 운명을 같이하며 반토막이 났다. 아이가 대학에 입학하는 2009년까지도 그 펀드는 회복되지 못했고 A씨는 결국 마이너스 통장을 꺼내 자녀 대학등록금을 낼 수밖에 없었다.

A씨는 전문가들의 충고대로 실천했다. 자녀 대학등록금이라는 재무 목표를 명확히 했고, 재무 목표에 맞춰 7년 이상 꾸준히 적립했다. 주식시장이 오르면서 수익률도 높았다. 그러나 막상 그 돈을 쓰려고 할 때 주식시장이 급락하는 상황을 맞이했다. 주식시장의 등락에 영향을 받

는 투자자산은 미래가 불확실하기 때문에 돈이 필요한 바로 그때, 자녀의 대학 입학처럼 미룰 수도 없는 바로 그 시점에 가격이 떨어지는 위험에 항상 노출되어 있다.

아무리 떨어져도 팔 수 없다

그런데 A씨는 왜 펀드를 환매해서 대학등록금을 마련하지 않았을까? 최고 가격만을 기억하고 그것을 판단의 기준점으로 삼는 심리계좌의 오류 때문이다. 예를 들어 펀드 최고점이 1000만 원이었다면 심리계좌는 1000만 원을 펀드의 기준으로 삼는다. 반토막 난 500만 원은 심리계좌 입장에서는 500만 원이나 손해를 본 셈이다. A씨가 실제 투자한 원금이 400만 원이고 결과적으로 100만 원 이익이라 해도 이것은 심리계좌에 그리 중요하지 않다. 심리계좌는 최고점을 기준으로 삼기 때문이다. A씨는 고점만을 기억하는 심리계좌의 착각 때문에 500만 원을 손해 봤다고 판단해 펀드를 환매해 쓰지 않고 마이너스 통장이라는 빚을 선택한 것이다.

A씨의 이런 행동에는 손실회피라는 인간의 심리적 본능도 작용했다. 사람들이 주식투자를 하면서 손절매를 하지 못하는 이유가 바로 이 손실회피 때문이다. 손절매는 앞으로 주가가 더 하락할 것으로 예상하고, 가지고 있는 주식을 매입 가격 이하로 손해를 감수하고 파는 일이다. 손해를 확정 짓는 행위니만큼 그 고통의 강도가 매우 크다. 사람들은 손절매를 해서 '손해'라는 고통을 느끼느니 차라리 '언젠가는 오르겠지'라

는 작은 희망에 기대어 팔지 않고 보유하려는 경향을 보인다. A씨는 원금 400만 원에 100만 원의 수익을 본 상황이었음에도 불구하고 최고점을 기준으로 잡는 심리계좌 때문에 500만 원의 펀드를 손실 상황이라 판단했고, 손실을 회피하기 위해 펀드를 환매하지 않은 것이다.

손실회피 심리는 투자자산을 꺼내 쓰기 어려운 자산으로 만든다. 이것이 투자자산을 내 돈이 아니라 심리계좌에만 들어 있는 심리적 자산으로 정의하는 첫 번째 이유다.

한번 오르면 더 오를 것 같다

2008년 금융위기가 닥쳐 주식시장이 반토막이 나자 B씨는 나름대로 지금이 투자 적기라 생각하고 펀드 투자를 시작했다. 시장은 B씨의 예상대로 오르기 시작했고 주식시장은 2011년 2000포인트를 넘어서면서 펀드 수익률 100퍼센트 이상을 기록했다. 그런데 3년 후 2011년 결혼을 앞둔 B씨는 결혼 자금 때문에 막상 펀드를 환매하려고 하니 아깝다는 생각이 들었다. 한창 주식시장이 오르고 있는데 지금 환매를 하는 것은 손해라는 생각이 든 것이다. 결국 B씨는 환매 대신 전세자금대출을 받아서 신혼집을 마련했다. 한창 잘 나가는 주식시장을 보며 대출이자보다는 펀드 수익률이 더 높을 것이라 기대했기 때문이다.

투자가 이익을 보고 있는 상황이라면 투자자산은 내 돈이 될 수 있을까? 앞에 A씨는 시장이 하락한 경우이지만 B씨는 반대로 시장이 상승한 경우다. 시장이 상승해서 이익 난 행복한 경우인데 이때도 문제가 발생한다. 더 오를 것 같다는 욕심에 쉽사리 환매하지 못하는 것이다. 이것 또한 B씨만의 특수한 상황이 아니다. 상승장에서는 앞으로도 계속 오를 것이라는 낙관적 기대가 사람들에게 퍼져나가고 돈을 더 벌 수 있다는 믿음이 생긴다. 당장 결혼을 위해 돈이 필요하다는 현실도 이러한 낙관적 기대의 희생양이 되기 쉽다. 그 결과 펀드 계좌에 있는 내 돈을 놔두고 빚을 얻어 이자까지 지불하겠다는 결정을 하고 만다.

손해를 보면 팔기 어려운 것이 투자자산이라 했다. 그런데 오르는 경우도 팔기 힘든 것은 마찬가지다. 팔아야 한다는 원칙보다는 더 오를 것 같다는 기대심리가 더욱 크게 작용하기 때문이다. 사람들은 내가 팔았는데도 계속 오르면 손해 봤다 생각하고 아까워한다. 실현되지 않은 이익도 심리계좌는 내 이익으로 생각해서 계좌에 넣어버리기 때문이다. 실현되지 않은 이익도 아까워하는 손실회피 심리는 이익이 난 펀드도 환매하지 못하게 한다. 이것이 투자자산을 내 돈이 아니라 심리계좌에만 들어 있는 심리적 자산으로 정의하는 두 번째 이유다.

필요할 때 못 쓰는 돈은 의미가 없다

투자를 할 때 3년 이상을 꾸준히 투자하라는 이야기는 주가는 오르내림을 반복하고 단기적으로는 떨어질 수 있지만 적어도 3년 이상 장기적으로 보면 결국 오를 것이라는 믿음을 바탕으로 한 주장이다. 실제로 금융 위기가 최고조에 달했던 2008년 주가는 900포인트 선까지 떨어졌지만 3년 후인 2011년에는 다시 2000포인트를 돌파했다. 이것을 두고 전문가들은 "봐라, 3년 꾸준히 투자하면 손실을 회복할 수 있다."라고 주장한다.

그러나 A씨 사례를 통해 확인한 것처럼 아무리 오래 투자했다 하더라도 막상 내가 돈을 써야 할 바로 그 시점에 시장이 폭락하면 이익은커녕 손해를 볼 수도 있다.

투자에 대한 의사결정은 장기냐 단기냐 하는 투자 기간이 중요한 것이 아니다. 과거와 미래에 아무리 수익이 난다 한들 아무 상관이 없다. 내가 돈이 필요한 바로 그때 꺼내 쓸 수 있어야 투자에 성공한 것이다. 그러나 투자자산은 주식시장이 떨어지면 손해 보기 싫어서 못 팔고, 오르면 더 오를 것 같은 욕심에 또 쉽사리 팔지 못한다.

전문가들이 앵무새처럼 이야기하는 3년 미만 단기에 쓸 돈은 예금, 적금으로 모으고 3년 이상 저축할 돈은 펀드에 투자하라는 이야기를 무슨 원칙이나 공식처럼 생각하지 말자. 그건 단지 이론이다. 현실을 반영하지 못한 이상적인 이야기일 뿐이다.

허울 좋은 보장자산, 보험은 비용이다

2006년 한 생명보험사의 "당신의 보장자산은 얼마입니까?"라고 묻는 TV 광고가 큰 관심을 불러일으켰다. 이 광고를 보고 "아빠, 우리 집 보장자산은 얼마야?"라고 묻는 아이들도 많았다고 한다. 보장자산, 그럴 듯해 보이는 이것의 정체는 단순하다. 광고 출연자의 "아니, 내 보장자산이 이거밖에 안 돼요? 보험 많이 들었다고 생각했는데?"라는 대사가 모든 것을 말해준다. 보장자산이란 바로 보험을 의미한다. 보험료가 점점 가정 경제에 부담으로 다가오고 있는 요즘, 보험이 자산으로써의 역할을 제대로 하고 있는지 살펴보자.

공포에 약한 심리계좌

상황①
당신이 1억 원을 받을 수 있는 확률이 1퍼센트고, 그 결과는 내일 아침에 알 수 있다.

상황②
당신이 1억 원을 받지 못할 확률이 1퍼센트고(받을 확률이 99퍼센트), 그 결과는 내일 아침에 알 수 있다.

당신은 어떤 상황에 잠을 설칠 것인가? 아마도 상황②인 경우에 잠을 설칠 가능성이 더 높다. 상황①보다 돈을 받을 확률이 수십 배 높은데도 말이다. 만에 하나 받지 못하는 1퍼센트의 가능성은 사람들에게 그 이상의 큰 공포심을 심어주고, 심리계좌는 공포심에 특히 과민반응을 보인다. 보험을 드는 이유가 바로 여기에 있다. 나에게 불행한 일이나 위험이 닥치면 어쩌나 하는 공포는, 실제로 그런 일이 발생할 확률과는 상관없이 뭔가 대비를 해야 한다는 조바심을 일으킨다.

특히 사고나 질병은 사람들의 머릿속에 생생한 이미지를 떠오르게 한다. '갑자기 암 선고를 받고 치료비는 계속 들어간다. 가족들의 부담은 점점 커져가고 집안 살림은 궁핍해진다. 보험도 하나 들어 놓지 않았냐고 주변에서 타박하지만 후회한들 이미 소용 없다.'

TV 광고 또는 직접 목격했던 사례들을 통해 연상되는 이러한 이미지들은 공포심을 극대화하고, 공포심에 취약한 심리계좌는 보험계좌를 만들어 안도하려고 한다.

세상의 모든 보험 이해하기

다양한 보험상품들이 계속 쏟아지니 소비자들은 헷갈린다. 판매자들은 실제로는 상당히 복잡한 계약 조건과 혜택들을 몇 가지 카피로 정리해서 유혹한다. 좋은 보험이니 가입해보라는 권유가 보험설계사, 인터넷, TV광고, 홈쇼핑, 수시로 걸려오는 전화까지 하루에도 몇 번씩 사람을 괴롭힌다. 이건 정보가 아니라 공해 수준. 그러나 이 공해는 '이 보험이 좋다는데 또 들어야 하는 거 아니야.'라며 사람들의 공포심을 자극한다. 보험이 무엇인지 제대로 알아야만 보험 가입의 유혹을 이길 수 있다.

보험은 원래 상호부조에서 출발했다. 1000명이 살고 있는 마을이 있다고 가정해보자. 누군가는 아프거나 사고를 당하거나 예상치 못한 위험에 빠질 수 있다. 1000명 모두 조금씩 돈을 모아 적립해 놓고, 위험에 닥친 사람을 돕는 것이 상호부조다. 내가 사고를 당해 도움을 받으면 이익이 되지만, 아니라면 돈만 내고 아무런 혜택도 받지 못하니 손해다. 그러나 미래 위험을 알 수 없기에, 기꺼이 손해를 감수하고 대비하려는 것이다.

현대의 보험도 상호부조와 원리는 같다. 단지 보험상품 운영을 보험사가 대행하고 있다는 것만 다르다. 보험사는 보험료를 책정하고 사람들을 모집해서 돈을 모으고, 사고가 발생한 사람에게 보험금을 지급한다. 결국 보험도 사고를 당한 누군가는 이익을 보겠지만 사고가 나지 않으면 손해일 수밖에 없는 구조다.

그런데 사람들은 보험을 들면서 손해를 본다고 생각하지 않는다. 보험이 심리계좌가 느끼는 '돈도 없는데 아프면 어떡하나, 다치면 어떡하나?'라는 공포심을 잠재웠기 때문이다.

그러나 이것은 심리계좌의 착각이다. 다시 한 번 강조하지만 보험은 위험이 발생하면 이익이지만 그렇지 않다면 금전적으로 따졌을 때 반드시 손해로 귀결될 수밖에 없는 금융상품이다. 세상의 모든 보험이 다 마찬가지다. 보험을 가입할 때 이 점을 반드시 기억해야 한다.

보험을 제대로 이해하기 위해 보험료의 구조를 살펴보자. 우리가 매달 내는 보험료는 크게 적립보험료, 위험보험료 그리고 사업비로 구성되어 있다.

보험사는 고객에게서 보험료를 받으면 각각 용도별로 쪼개서 쌓아 놓

표4. 보장성 보험료 구성

종류	설명	구성 비율
적립보험료	매달 꼬박꼬박 저축이 되는 보험료로 이것이 쌓여 해약 환급금이나 만기환급금이 됨	55%
위험보험료	보험사가 실제로 질병이나 사망 발생 시 보험금을 지급하기 위한 자금. 매월 보험료에서 일정 부분을 위험보험료로 받아 쌓아 놓고 있다가 보험금을 지급함	23%
사업비	보험회사의 운영비, 보험설계사 수당, 보험회사의 이익	22%

- 보험료: 매월 납입하는 금액, 보험금: 사고 발생 시 받을 수 있는 돈
- 구성 비율은 보험의 종류에 따라 조금씩 달라진다
- 자료: 건강보험 하나로 이슈리포트(2011. 5.)

고 있다가 고객에게 지급할 사유가 발생하면 해당 계정에서 지급한다. 예를 들어 10만 원짜리 암 보험이라면 보험사는 적립보험료에 5만 5000원을, 위험보험료에 2만 3000원을 각각 적립해 놓고, 보험상품 운영 대가로 2만 2000원을 자신들이 가져간다. 누군가 암에 걸리면 쌓아 놓은 위험보험료 계정에서 돈을 지급하고 해약을 한 사람에게는 적립보험료에서 돈을 꺼내서 준다. 보험을 중도에 해약하는 경우 손해를 보는 이유는 명백하다. 적립보험료는 낸 돈의 55퍼센트만 쌓이기 때문이다.

순수보장형과 만기환급형, 무엇을 선택할까

"만기환급형과 순수보장 보험 중 어느 것이 더 좋은가?"

생활경제교육을 하면서 위와 같은 질문을 하면 대부분 사람들이 만

기환급형이 좋다고 대답한다. 보험설계사나 보험광고에서도 만기에 낸 돈을 그대로 돌려받는다는 것을 혜택이나 장점으로 홍보하고 있다. 이런 이유로 대부분의 보험가입자가 만기환급형 보험을 선택한다.

그런데 표4에서 확인한 것처럼 보장성 보험의 경우 사고가 발생했을 때 고객에게 지불하기 위한 위험보험료 비중은 전체 금액의 23퍼센트 밖에 되지 않는다. 오히려 적립보험료의 비율이 55퍼센트로 가장 높다. 10만 원짜리 보장성 보험에서 고객에게 보험금으로 지급하기 위해 쓰는 돈은 불과 2만 3000원밖에 되지 않는다는 뜻이다.

동일한 보험을 가지고 순수보장형과 만기환급형의 보험료를 비교해보자. 40세 여자가 A사의 암 보험을 80세 만기, 20년 납이라는 동일한 조건을 가지고 가입한다고 가정하고 보험료를 계산해보았다. 순수보장형인 경우 보험료가 5만 6680원이고, 만기환급인 경우 11만 9120원이다(2012년 기준). 동일한 보험임에도 불구하고 순수보장형의 경우 적립보험료 없이 위험보험료와 사업비만으로 구성되기 때문에 그만큼 저렴하다는 것을 확인할 수 있다.

또 한 가지 짚고 넘어가야 할 것이 있다. 보험료가 비싸지면 더불어서 보험사가 가져가는 사업비도 그와 비례해 많아진다는 사실이다. 당신이 보험설계사나 보험사라면 고객들에게 어떤 보험을 권유하겠는가? 당연히 사업비가 많이 나오는 만기환급형이지 않을까? 그러나 보험사는 "보장도 받으실 수 있고, 만기에 내신 보험금을 그대로 돌려드려요."라는 말로 우리를 유혹한다. 물론 여기에 만기환급형 보험료가 순수보장형의 두 배라는 점은 항상 빠져 있다.

그리고 보험은 10년 이상 납입해야 만기환급금을 포함한 그 모든 혜택을 받을 수 있다. 그런데 비싼 보험은 저렴한 보험에 비해 중도 해약할 가능성이 매우 높다. 만기환급형은 보험료가 비싼 만큼 유지가 어렵다. 만기에 원금 받겠다고 비싼 보험을 들었다가 만기까지 가지도 못하고 해약해버리는 사례를 주변에서 쉽게 만날 수 있다.

당연히 사람들은 순수보장형을 선택해야 한다. 그런데 막상 현실에서 사람들은 다른 선택을 한다. 심리계좌의 손실회피 성향 때문이다. 보험료를 열심히 냈는데 아프지 않아 단 한 번도 보험금을 못 탈 수도 있다. 순수보장형은 이런 경우에 만기 시점에 돈을 한 푼도 돌려받을 수 없다. 열심히 보험료를 냈는데 아무것도 돌려받는 것이 없으니 사람들은 이것을 손해라고 생각하고 가능한 회피하려고 한다. 그리고 만기에 원금이라도 건지면 손해가 아니라고 생각하게 된다. 원금을 돌려받기 위해 2배 비싼 보험료를 냈다는 생각은 하지 못한다. 한 푼도 돌려받지 못하는 상황을 회피하고 싶은 심리계좌는 비싸더라도 만기환급형을 선택하는 경향을 보인다.

그러나 꼼꼼히 따지면 만기환급형을 선택했을 때 큰 손해를 본다. 앞에서 예로 든 만기환급형 암 보험을 생각해보자. 40세 여자가 20년 동안 총 2858만 8800원을 내고 80세, 즉 40년 후에 그 돈을 돌려받는다. 40년 동안 이자 한 푼 없다. 만약 순수보장형을 택하고 만기환급형과 순수보장형의 차액 6만 2440원을 연 5퍼센트 이자로 적금을 들면 20년 후 2600만 원이 된다. 그 돈을 연 4퍼센트 예금에 넣어 80세에 찾으면 약 5700만 원이 된다. 금액으로만 따지면 만기환급형보다 손에 쥘 수 있는 돈은 두 배 이상 커진다.

보험은 저축이 아니라 비용이다

심리계좌는 보험을 비용이 아닌 자산으로 생각한다. 매달 내가 돈을 납입해 쌓아놓기 때문이다. 그러나 앞에서 강조한 것처럼 보험은 사고가 나면 이익이지만 사고가 나지 않으면 무조건 손해인 금융상품이다. 사고도 나지 않았는데 이익이 되는 그런 보험상품은 세상에 존재하지 않는다. 특히 위험에 대비하기 위한 보장성 보험은 자산이 아니라 비용으로 봐야 한다.

나에게 질병이나 사망 같은 위험이 발생했을 때를 대비해 매월 돈을 내고 보험이라는 물건을 산다고 생각해보자. 물건을 사면 쓸 때도 있지만 안 쓸 때도 있다. 보험도 보험금을 탈 수도 있지만 그렇지 못한 경우도 있다. 이번 달 보험료를 내고 혹시나 생길지도 모를 사고에 대비했다면 그것으로 보험의 효용은 달성된 것이며 내가 낸 비용, 즉 보험료도 쓸모를 다하고 없어지는 것이 당연하다. 내가 보험금을 타지 못한 상황을 손해로 생각해서는 안 된다. 보험은 일어날지도 모르는 만약의 위험을 대비하기 위해 내가 미리 준비해둔 눈에 보이지 않는 상품이다. 오히려 나에게 보험금 탈 일이 발생하지 않았다는 것, 아프거나 죽지 않았다는 것이 내게는 가장 큰 이익이지 않을까?

저축성 보험은 무조건 손해 보는 저축

보장성 보험이 아니라 저축성 보험이라면 위험보험료 비율이 없거나 적어지고 적립보험료 비율이 훨씬 커지게 된다. 교육보험, 연금보험 같은 저축성 보험이 만기에 돌려주는 돈도 적립보험료에서 나오는 돈이다. TV광고에서 "이 보험은 적금처럼 중간에 돈이 나옵니다."라며 중간에 돈을 찾아 쓸 수 있는 것을 장점으로 홍보하기도 하는데, 이것은 혜택이 아니라 그동안 내가 낸 적립보험료에서 돈을 꺼내주는 것에 불과하다.

보험료가 이런 구조로 되어 있기 때문에 저축성 보험은 가입자가 무조건 손해 보는 저축이다. 10만 원짜리 교육보험에 가입하면 실제 저축되는 돈, 즉 적립보험료는 10만 원보다 적다. 보험사의 사업비와 위험보험료를 제하고 난 나머지 돈만 적립되기 때문이다. 저축성 보험의 사업비 비율은 10~15퍼센트 정도로 10만 원짜리 저축성 보험이라면 한 달에 8만 5000원만 저축하는 것이며 이자도 8만 5000원에 한해서만 붙는다. 그래서 대부분 저축성 보험은 7년 정도가 지나야 겨우 원금에 도달하게 된다. 7년 동안 이자 한 푼 못 받고 저축하는 셈이다.

연금보험, 교육보험 등 모든 저축성 보험이 다 같은 원리로 운영된다. 10년 동안 보험료 냈다고 보험사가 고객들에게 감사하다고 뭔가를 더 얹어주지 않는다. 그냥 내가 낸 돈, 그것도 다가 아니라 사업비를 제하고 난 나머지 돈을 모아 놓고 있다가 만기에 주는 것이다. 여기에 무슨 커다란 혜택이나 특혜는 숨어 있지 않다. 굳이 장점을 찾자면 장기간 꾸준히 돈을 모았기에 목돈을 줄 수 있다는 정도다.

보상금은 공돈?

올해 마흔인 J씨는 건강검진에서 대장에 용종이 있다는 진단을 받고 서둘러 용종을 제거하는 수술을 했다. 말이 수술이지 간단한 과정이라 입원 없이 수술도 잘 끝났고, 비용도 20만 원 정도만 부담했다. 수술 후, 전에 가입했던 보험에 보험금을 청구했는데 보험사로부터 80만 원의 보험금을 받았다. 실제로 낸 돈보다 60만 원이나 더 돌려받은 J씨는 좋은 보험을 들어 놓은 것 같아 마음이 뿌듯했다. 보험의 혜택이 이런 것이구나 생각하니 지금이라도 보험을 더 들어야 할 것 같다는 생각이 들었다.

매달 보험료를 내면서 약간 손해 본다는 느낌은 누구나 가져봤을 것이다. 내기만 하고 돌려받는 것이 없기 때문이다. 그런데 사고가 발생해 보험금을 받게 되면, 심지어 J씨처럼 부담한 돈보다 더 많은 금액을 보험금으로 받는다면 이 보험금을 어떤 심리계좌에 넣겠는가? 사람들은 보험금을 '공돈계좌'에 넣고 보험의 혜택으로 '이익'을 얻었다고 생각한다.

그런데 보험금은 절대 공돈도 아니고 그렇다고 이익도 아니다. 내가 그만큼 보험료를 냈고 또 앞으로도 낼 것이기 때문이다. 앞서 J씨가 가지고 있던 보험만 해도 그렇다. J씨의 한 달 보험료는 15만 원이었다. J씨가 벌써 5년 동안 보험료를 냈으니 지금까지 낸 돈만 따져봐도 900만 원이 넘는다. 보험금 80만 원은 J씨의 6개월 치 보험료밖에 되지 않는다. 낸 돈에 비해서 받은 돈이 지극히 적은데 사람들은 이것을 생각하지 못한다. 앞으로 낼 돈을 따져보면 어떨까? 20년 만기 보험이므로 앞으로 15년 동안 2700만 원을 더 내야 한다. J씨가 탄 보험금 80만 원은 그래서 공돈도 아니고 이익도 아니다.

　심리계좌는 보험에 가입할 때 보험료라는 매달 치뤄야 하는 비용은 과소평가하고, 탈 수 있는 보험금은 과대평가한다. 예를 들어 한 달에 5만 원을 내고 암에 걸리면 2000만 원을 탈 수 있는 암 보험이 있다고 하자. 심리계좌는 단순하게 5만 원과 2000만 원만 비교한다. 5만 원만 내면 2000만 원을 탈 수 있다 생각하니 보험은 큰 이익이라 생각한다. 5만 원씩 꼬박꼬박 20년을 내야 한다는 사실은 잊어버리고 그저 5만 원만 기억하는 오류가 발생하는 것이다. 내가 부담해야 할 총 비용은 고려하지 않고 혜택이나 이익에만 집중하는 것은 심리계좌의 특성이다.

　우리가 일상적으로 겪게 되는 위험들은 굳이 보험에 가입하지 않더라도 해결할 수 있는 것들이 훨씬 많다. 내가 가진 돈으로 해결하면 보험료 힘들게 냈는데 혜택은 아무 것도 없다는 허탈감도 느낄 필요 없다. 이미 가입한 보험이 있다면 지금까지 내가 낸 보험료는 얼마고 지금까지 내가 쓴 병원비는 얼마인지 한번 떠올려 보기 바란다. 건강에 치명적인 문제가 없다면 보험료 낼 돈으로 충분히 병원비를 감당할 수 있다. 매달 내는 보험료라는 비용에 비해 우리가 받을 수 있는 보험금이라는 혜택이 생각보다 크지 않다.

　그렇다고 보험이 불필요하다는 것은 절대 아니다. 큰 병에 걸려 병원비가 많이 나오거나, 사고를 당해 영구적인 장애를 얻거나, 갑자기 가장

이 사망하는 경우, 보험에 가입했다면 그것은 이익임에 틀림없다. 비록 이런 일에 발생할 확률이 상당히 낮다고 할지라도 만에 하나 발생했을 경우 가정경제에 끼치는 영향은 지대하다. 보험을 드는 이유는 바로 이런 예측 불가능한 커다란 위험에 대비하기 위한 것이다. 내 능력으로 해결할 수 있는 위험은 굳이 보험으로 대비할 필요가 없다.

　보험에 가입하기 전, 부담해야 할 보험료와 받을 수 있는 보험금을 꼼꼼히 따져봐야 한다. 보험료도 한 달 치가 아닌 반드시 총 보험료를 기준으로 해야 정확한 비교가 가능하다. 그래야 240개월 동안 보험료를 내고 겨우 10개월 치 돌려받으면서 이익이라 생각하는 우를 범하지 않는다.

5장 부채 착각

당신도 혹시
채무노예 아닌가요?

- 마이너스 통장, 한번 쓰기 시작하니 줄지를 않아요
- 이자 내는 것만 해도 벅찬데, 원금상환은 꿈도 못 꿔요
- 신용카드, 담보대출, 보험약관대출…… 이제 또 어디서 빌려야 할지 막막합니다
- 아내 몰래 마이너스 통장으로 주식투자 했다가 다 까먹었습니다

빚은 소도 잡아먹는다고 했다. 우리 부모님들은 빚을 가장 경계해야 할 대상으로 생각했다. 그러나 2012년 우리나라 가계부채는 1000조에 육박한다. 1000조가 도대체 얼마인가? 1000조를 5000만 인구로 나누면 2000만 원이다. 국민 1인당 빚이 2000만 원이고, 4인 가족은 8000만 원을 빚지고 살고 있다는 뜻이다. 가계부채는 지금 대한민국 경제의 시한폭탄이다.

가계부채가 이렇게 급증하게 된 이유로 여러 가지를 생각해볼 수 있지

만, 심리계좌의 부채 착각과도 큰 관련이 있다. 심리계좌가 일으키는 부채 착각에서 빠져 나오는 것은 이미 있는 부채를 줄이거나, 미래에 부채가 생기지 않게 하는 가장 근본적인 방법이다.

캠퍼스 푸어에서 실버 푸어까지

돈 빌려 달라고 남한테 아쉬운 소리하는 것만큼 싫은 게 또 있을까? 그런데 '신용 사회'라는 말이 시작되면서 사람들은 남한테 아쉬운 소리를 할 필요가 없어졌다. 자신의 신용을 이용하면 손쉽게 돈을 빌릴 수 있게 되었기 때문이다. 이제 빚은 '빚'이라는 이름표를 버렸다. '신용'이라는 이름으로 분장을 하고서 우리 곁을 맴돈다. 신용이 높다는 것은 은행에서 돈을 많이 빌릴 수 있다, 즉 빚을 많이 질 수 있다는 말이다. 할부, 마이너스 통장, 신용대출, 현금 서비스, 캐피털론, 카드론, 담보대출, 학자금대출, 보험약관대출 등 내 신용만으로 선택할 수 있는 부채의 종류도 다양해졌다.

이렇게 손쉽게 빚을 질 수 있게 되면서 어느새 일상의 모든 것이 빚으로 점철되기 시작했다. 과장이 아니다. 스스로 생각해보라. 당신은 어떤 방식으로 물건을 구매하는가? 대한민국 성인이라면 대부분이 신용카드를 2~3장 이상 가지고 있다. 마트에서, 주유소에서, 가구점에서, 인터넷 쇼핑몰에서……. 값이 싸든 비싸든 일상의 모든 지출에 신용카드를 사용한다. 신용카드는 한 달 뒤에 갚는 외상거래, 빚이다. 그리고 갑자기 돈이 필요하면 마이너스 통장에서 꺼내 쓴다. 집은 담보대출로 사고 아이들 학교는 학자금대출로 보낸다. 신용카드, 차 할부, 가전제품 할부, 마이너스 통장, 담보대출, 학자금대출 등 부채에서 자유로운 사람이 지금 대한민국에 얼마나 있을지 의심스러울 정도다.

현실이 이렇다 보니 많은 사람들이 대학교 졸업과 동시에 학자금대출을 갚아야 하는 이른바 캠퍼스 푸어로 성년을 시작한다. 학자금대출을 갚다 보면 돈 모으기가 쉽지 않아 결혼도 어렵다. 결혼해도 집값이 비싸서 전세자금대출을 받아야 하니 이건 허니문 푸어다. 아이들 커가면서 사교육비에 대학등록금 때문에 빚을 지면 베이비 푸어, 내 집 한 칸 마련하자고 치면 담보대출을 받아야 하니 결국 하우스 푸어가 된다. 이렇게 평생 대출 이자 갚다가 마침내 노년에는 실버 푸어로 전락해서 근근이 생계를 유지해야 한다. 삶의 의미와 행복이 무엇인지 생각할 여유도 없이, 그저 빚 갚다가 평생을 보내는 비참한 채무노예의 삶이 지금 대한민국의 현실이다.

빚을 잘 갚고 있으면 문제가 없다?

빚이 있지만 잘 갚고 있다면 문제 될 것이 없다고 생각할 수 있다. 하지만 또 다른 위험이 닥친다면? 갑자기 큰 돈이 필요해진다면? 부채는 언젠가 생길 수도 있는 돈 문제를 더욱 크게 만들고, 악순환을 일으키는 원인이 된다.

만약 직업상 차가 꼭 필요한데 고장이 났다고 가정을 해보자. 차 수리비가 300만 원이 나왔다. 부채가 있는 당신은 당연히 비상금이나 여윳돈이 없기 때문에, 또 빚을 내야 한다. 이는 그 자체로 상당한 심리적 스트레스를 준다. 만약 마이너스 통장까지 바닥이 났다면 카드 할부로 결제해야 하고 이에 따른 지출 증가는 적자를 더 커지게 만든다. 참고로 카드 할부는 이자율이 매우 높아 보통 12개월 할부가 20퍼센트에 육박한다. 점점 모자라는 생활비를 채우기 위해 이제는 현금 서비스를 써야 할지도 모른다. 현금 서비스는 카드 할부보다 이자율이 더 높다. 부채는 눈덩이처럼 불어나기 시작한다.

"썰물이 되면 누가 알몸으로 수영하고 있는지 알게 된다."는 말은 부채의 위험성에 대한 적절한 비유다. 알몸으로 수영을 하고 있는 사람은 평상시에는 문제가 없어 보이지만 썰물이 닥치면 낭패를 당하는 것처럼, 부채가 있다면 지금은 별 문제가 없다 할지라도 위험이 닥쳤을 때 큰 화를 당할 수 있다.

반면에 부채가 없다면 일상에서 받는 스트레스가 훨씬 줄어든다. 열심히 일했는데 매달 이자 내면서 남 좋은 일만 시키는 것 같아 허무할 일도 없다. 미래에 직면할 여러 가지 돈 문제를 해결하는 것도 더 수월해진다.

대출은 빠르고, 부채는 길다

1000만 원을 손에 쥐기 위해서는 한 달에 100만 원씩 꼬박 저축해도 거의 1년이 걸린다. 시간도 오래 걸리고 힘들다. 그런데 대출은 순식간에 내 계좌에 1000만 원이 입금된다. 내 노력은 증빙서류를 떼는 것과 은행 직원이 제시한 서류에 사인하는 것이 전부다. 1년을 힘들게 노동하는 것과는 비교할 수 없이 간단하고 쉽다. 이런 이유로 우리 마음속 심리계좌는 부채에 빚이 아닌 '공돈'이라는 이름표를 붙인다. 말도 안 되는 것 같지만 실제로 그렇게 된다.

 공돈으로 이름 붙여진 부채는 일시적으로 돈을 빌린 사람을 '부자'라 착각하게 만든다. 돈을 모아서 사려면 몇 년을 기다려야 하지만 할부로 사면 지금 당장 차를 소유할 수 있다. 담보대출을 받은 덕에 당장 다음 달부터라도 더 넓은 집에서 살 수 있다. 큰 맘 먹어야 갈 수 있는 해외여행도, 내 한 달 월급만큼 하는 명품가방도 신용카드를 쓰면 바로 지금 내 것이 된다. 이렇게 일시적이나마 돈 문제는 해결된 것처럼 보인다. 나는 명품가방을 들고, 내 차를 몰며, 넓은 집에 살고, 휴가 때 해외여행을 갈 수 있는 능력자가 된다. 더불어 사람들로부터 부러움의 대상이 된다. 물론 타인들은 이것이 부채로 만들어졌다는 사실을 알지 못한다. 심지어 부채라는 사실을 알고 있는 나조차도 내가 부자가 되었다는 착각에 빠진다.

 그렇게 생긴 차나 가방, 집은 정확하게 이야기하면 내가 빚을 다 갚을 때까지는 완벽한 나의 소유물, 즉 자산이 아니다. 차나 가방은 할부를 갚기가 어려워지면 중고라도 팔 수밖에 없고 집은 대출을 갚지 못하면 경매로 넘어간다. 불행하게도 심리계좌는 이 사실을 잘 인지하지 못하고 내 손에 들어온 그 순간 내 것이라고 생각해버린다. 그리고 매달 할부금을 낼 때, 대출이자를 낼 때 마치 누군가가 강제로 돈을 빼앗는 것 같다는 생각에 사로잡힌다. 내가 노동으로 얻은 노동수입이었다면 쉽게 쓰지 않았을 것이고, 쓰더라도 하나라도 더 따져봤을 것이기에 쉽게 써버린 '부채'에 대한 후회는 그만큼 크다.

이자와 원금에 대한 심리계좌의 착각

우리 마음속 심리계좌는 미래보다 현재에 집착한다. 먼 미래까지 생각할 여유가 없는 것이다. 사람들이 다이어트에 실패하는 이유와 마찬가지다. 다이어트가 미래에 좋다는 걸 알지만 당장 눈앞에 보이는 유혹들에 늘 지고 만다. 개인의 의지력 부족이라기보다는 현재에 집착하는 인간의 본성이라 보는 것이 더 합당하다. 심리계좌는 미래에 내가 1억 원을 갚아야 한다는 사실을 잘 기억하지 못한다. 단지 지금 당장 내고 있는 이자에만 주목한다. 1억 원이 아니라 50만 원만 기억하는 것이다. 이러한 심리계좌의 착각 때문에 부채의 위험성에 대해서 간과하게 되는 경우가 많다. 그러나 꼼꼼하게 따져보면 이자가 소도 잡아 먹는 상황이 올 수도 있다.

가장 보편적인 대출상품인 마이너스 통장은 쓴 만큼만 이자를 낸다는 이유로 사람들이 선호한다. 한 달 이자 몇 만 원만 부담하면 급할 때 요긴하게 쓸 수 있다고 생각한다. 그런데 마이너스 통장은 일단 쓰기 시작하면 잘 줄지 않는다는 것이 사람들의 공통된 경험이다. 비상금이 없다는 현실이 가장 큰 원인이겠지만 역복리로 산정되는 이자도 무시할 수 없다.

예를 들어 연 10퍼센트 이자율에 500만 원을 마이너스 통장으로 썼다면 500만 원에 따른 한 달 이자는 약 4만 1600원으로 한 달 만에 갚는다면 504만 1600원을 내면 끝난다. 하지만 첫 달에 갚지 못하고 넘어가면 두 번째 달은 500만 원이 아니라 504만 1600원에 대한 이자가 붙는다. 이자에 이자가 붙는 역복리인 것이다. 이런 식으로 이자율 10퍼센트 마이너스 통장 500만 원을 3년 동안 쓰면 이자가 34퍼센트나 증가한다. 마이너스 통장을 3년 동안 쓴 결과 갚아야 할 원금은 500만 원이 아니라 668만 원이 되어버린다. 시간이 지날수록 더 갚기 어려워지는 것은 당연한 결과다. 하지만 500만 원을 마이너스 통장에서 꺼내 쓴 사람에게 빚이 얼마냐고 물어보면 500만 원이라고 이야기한다.

이 대답에 주목해야 한다. 빚이 얼마냐는 질문에 대부분의 사람들은 처음에 빌린 원금만 대답한다. 심리계좌에 그렇게 기록되어 있기 때문이다. 심리계좌는 미래에 부담할 이자까지 생각할 여유가 없다. 그러나 이자도 내가 명백히 지불해야만 하는 돈, 이미 생긴 빚이다.

부채 규모가 큰 담보대출은 이자 금액이 더 커진다. 1억 원을 연 5퍼센트 이자율로 3년 거치, 20년 상환한다고 하자. 거치 기간 중에는 이자가 41만 원 수준으로 그리 크지 않다고 생각할 수 있다. 그러나 3년 후 원금상환이 시작되면 매달 73만 원을 내야 한다. 2배 가까이 금액이 뛴다. 그럼 23년 동안 내는 총 이자 금액은 얼마일까? 자그마치 6400만 원으로 원금의 60퍼센트가 넘는 금액이다. 따라서 내 빚은 1억 원이 아니라 1억 6400만 원으로 기억하고 있어야 한다. 심리계좌에 기록된 빚 1억 원은 착각일 뿐이다.

명확하게 하기 위해 같은 조건으로 1억 원을 빌렸을 때, 상환 조건별 총 이자액을 계산해봤다.

① 만기 일시상환 총 이자: 100,000,080원
② 원리금 균등분할상환 총 이자: 58,389,338원
③ 원금 균등분할상환 총 이자: 50,208,294원
④ 3년 거치 후 분할상환 총 이자: 63,645,715원

인터넷을 검색하면 대출이자와 비용을 손쉽게 계산할 수 있는 사이트를 찾을 수 있다. 부채를 가지고 있다면 원금과 이자를 합해서 총 얼마의 부채를 지고 있는지 정확한 금액을 반드시 확인해보기 바란다. 앞으로도 부채가 생기면 반드시 이자도 함께 계산해서 정확한 부채 금액을 알아두는 습관을 들여야 한다. 원금만 기억하고 이자는 잊어버리는 심리계좌의 부채 착각을 극복해야 한다.

좋은 빚 따위는 없다

공기업 근무 8년 차인 안 씨의 연봉은 약 4500만 원으로, 매달 약 240만

원을 급여로 받는다. 1년에 세 번 보너스 달에는 월급을 포함해 500~600만 원을 받는다. (……) 안 씨에게 중요한 것은 보너스를 어떤 식으로 운영하느냐다. 이에 대해 ○○○ 팀장은 마이너스 통장 활용을 권했다. (……) 마이너스 통장을 활용해 매달 45만 원 가량을 투자하고 보너스 달에 마이너스 통장을 제로로 만드는 방식이다. 이 경우 꼭 명심해야 할 점은 보너스 달에 반드시 마이너스 통장을 제로로 만드는 일이다. (……) 40만 원은 적립식 펀드에 추가로 투자하는 것이 안 씨에게 있어서 최고의 대안이다

유명 경제잡지에 실린 재무상담 사례다. 비정기적인 보너스를 매월 정기적인 적립식 펀드 투자로 돌리기 위해서 마이너스 통장을 쓰라는, 즉 빚을 내서 투자하라는 조언이다. 이 투자가 성공하려면 투자 수익률은 적어도 마이너스 통장의 이율(연 9~10퍼센트)보다 높아야 한다. 여기에 적립식 펀드 수수료 2퍼센트도 고려해야 한다. 따져보면 보너스가 나올 때 마이너스 통장을 갚는다 해도 적어도 4~5퍼센트 정도는 이미 마이너스를 깔고 투자하는 셈이다. 이런 소위 '레버리지 투자'의 성공을 위한 전제조건은 바로 '자산 가격의 상승', 그것도 부채이자 이상의 상승이 담보되어야 한다. 만약 하락한다면 이자까지 고스란히 물어야 하기 때문에 더 큰 손해를 보게 된다.

"주식은 결국 장기적으로는 상승할 것이니 기다리면 된다."라고 전문가들은 이야기한다. 물론 장기적으로 기다리면 상승할 수도 있다. 문제

는 빚으로 투자하는 레버리지 투자의 경우 장기적으로 기다릴 수 있는 여유가 없다는 데 있다. 매달 내는 이자 자체도 큰 부담인데다, 시시때때로 돈이 필요한데 주식이 오를 때까지 기다릴 수 있을까? 결국 손해 보고 팔든지 아니면 또 빚을 내서 미래 위험을 더 키우게 된다.

전쟁에서는 총알이 떨어지면 끝이다. 투자의 세계도 마찬가지다. 전투가 한창인 전장에서 총알이 간당간당한 사람에게 보급차가 올 때까지 기다리면 된다고 말하는 것은 무의미하다. 빚으로 하는 투자는 자산 가격이 다시 오를 때까지 기다리는 것이 어렵기 때문에 실패할 가능성이 매우 높다.

또한 빚으로 투자하는 경우 자산 가격이 오른다고 해도 반드시 이익을 본다고 말할 수도 없다. 사람들은 정해 놓은 원칙보다는 주변 상황에 더 휘둘리는 경향을 보이기 때문이다. 운이 좋아 시장이 오른다고 가정해보자. 높은 수익률에 고무된 투자자는 보너스를 타면 마이너스 통장을 갚기보다는 오히려 그 돈으로 투자금액을 더 늘릴 가능성이 높다. 이러면 주식이 올라 자산이 늘어났을지는 몰라도 이자 비용 또한 계속 늘어난다. 더군다나 오른 주식은 아직 현금화되지 않았다. 언제 떨어질지도 모른다.

부동산은 안전하다?

주식뿐만 아니라 부동산에 대한 레버리지 투자도 문제다. 오히려 부채 규모가 크고 쉽게 현금화할 수 없다는 점 때문에 부동산에 대한 레버리지 투자는 더 위험할 수 있다.

직장에 다니는 L씨는 2007년 갑상선 암이라는 진단을 받았다. 다행히 초기라서 간단한 수술만으로 완치가 되었고 마침 들어 놓았던 보험이 두 개가 있어 3000만 원이라는 목돈을 손에 쥐게 되었다.

이 돈을 그냥 은행에 넣어 놓기 아까웠던 L씨는 주변의 권유로 대출을 끼고 집을 사기로 했다. 3년 거치 기간 동안에는 이자만 내면 되니 부담이 적고, 양도세 부담이 없어지는 3년 후에는 집을 팔면 이자보다는 더 벌 수 있지 않을까 판단한 것이다. 1억 원을 대출받아도 거치 기간 동안은 월 이자가 50만 원 정도니 맞벌이로 일하는 동안은 감당할 수 있을 것 같았다.

결국 그녀는 원래 가지고 있던 전세금과 보험금, 대출을 합해서 3억 원짜리 아파트를 마련했다. 그러나 3년이 지난 2010년, 아파트 가격은 생각했던 것과 달리 오르지 않았고 거치 기간도 끝났다. 원금을 상환하기에는 부담이 너무 커 결국 거치 기간을 3년 연장했다. 지금 그녀는 계속 이자만 내면서 은행 좋은 일만 시키는 것은 아닌지 걱정이 크다.

한창 부동산 가격이 오르던 시절에 L씨와 비슷한 생각을 가진 사람들이 많았다.

'집값이 계속 오르니 대출을 받아 3년 거치 기간 동안 이자만 내다가 양도세 부담이 없어지면 집을 팔자. 이자를 빼고도 남는 장사다.'

은행 또한 이런 생각을 부추기며 거치 기간이 있는 대출을 적극적으로 영업했다. 그 결과 2012년 1분기 기준으로 우리나라에서 원금은 갚지 않고 이자만 내는 대출이 전체 대출의 76.8퍼센트에 달한다.

하지만 3년 후 올랐을 때 팔아서 이익을 남길 수 있다는 것은 환상일 뿐이다. 앞서 이야기한 것처럼 부동산은 가격이 올라도 팔기 어렵다. 집은 어차피 필요하기 때문이다. 그리고 정작 팔아도 내 통장에 돈이 들어오지 않는다. 내가 살 집을 또 구해야 하기 때문이다. 이러한 점을 생각하지 않고 거치 기간이 있는 대출상품을 선택하는 경우 결국 계속 이자만 물어야 하는 상황이 된다. 원금이 상환되지 않는 상태에서 거치 기간 연장, 연장을 거듭하면 결국 이자만 내고 빚은 그대로다.

세상에 공짜는 없는 것처럼 좋은 빚도 없다. '레버리지 투자'라는 그럴듯한 이름을 붙인다 하더라도 빚으로 하는 투자는 성공하기 어렵다. 만약 성공한다면 오히려 더 위험하다. 첫 번째 성공에 도취하여 더 큰 레버리지 투자를 감행할지도 모르기 때문이다. 아홉 번 성공해도 열 번째 실패하면 모든 것을 날릴 수 있다. 빚으로 투자하는 것의 위험성을 안이하게 받아들여서는 안 된다.

빚 없는 인생 프로젝트

빚을 갚기 위해서 조금이나마 이자가 싼 대출상품으로 갈아타려고 하는 사람들이 많다. 재테크 책이나 전문가들이 제시하는 부채 해결 방법도 대부분 고금리 대출을 저금리 대출로 바꾸는 것이다. 그러나 저금리로 갈아타서 이자가 줄었다고 해도 빚은 줄지 않는다. 때로는 낮아진 이자 때문에 빚이 더 늘어나기도 한다.

무조건 원금부터 갚아라

교직원인 K씨는 학교의 사학연금대출을 받아 집을 마련했다. 사학연금대출의 금리는 약 5.5퍼센트, 원금과 이자를 함께 갚아야 하고 매달 급여에서 자동으로 차감된다. 빚을 갚고 남은 월급으로 생활하는 것이 K씨는 여간 힘든 일이 아니었다. 혹시 금리가 더 낮은 대출이 있을까 알아보니 은행의 주택담보대출은 금리가 5퍼센트로 연금대출보다 0.5퍼센트 저렴했다. 한 푼이 아쉬운 판에 0.5퍼센트 차이도 K씨에게는 크게 다가왔다. 그리고 은행대출은 거치 기간 동안은 이자만 내기 때문에 대출 상환에 쓰는 돈이 일단은 크게 줄어들어 쪼들리는 생활이 조금 나아질 것 같았다. 결국 K씨는 금리가 더 낮은 시중은행 담보대출로 부채를 갈아탔다.

대출자 입장에서는 이자가 덜 나가면 그나마 한숨 돌렸다라고 생각할 것이다. 만약 2억 원을 대출받았다면 금리가 1퍼센트 하락하는 경우 매달 내는 이자 부담이 17만 원 정도 줄어든다.

그런데 사람들은 이 17만 원을 어떻게 생각할까? 대부분의 사람들에게 이 돈은 그저 갑자기 생긴 '여윳돈'이자 '공돈'이다. 공돈이라는 이름표가 붙은 이상 이 돈은 소비성 지출로 흐지부지 쓰일 확률이 높다. 이자가 조금이나마 덜 나가니 그나마 약간의 여유가 생겼다는 안도감에 새로 생긴 공돈을 '어디에 쓸까?'부터 생각하게 되는 것이다. 심한 경우 지출에 대한 경계심이 약해지고 오히려 이전보다 생활비 규모가 더 늘어나는 결과를 낳기도 한다. 이렇게 되면 추가적인 부채가 생기고, 빚의 악순환이 시작된다.

예산에 맞춰 지출하는 생활이 습관화되어 있지 않다면, 이자가 줄었다고 한숨 돌리는 순간이 더 위험할 수 있다. 생활비 규모가 늘어나 빚이 더 늘어나지 않도록 지출에 대한 구조조정과 통제에 더 신경을 써야 한다.

K씨가 더 낮은 금리의 상품을 선택한 것은 일견 올바른 선택이라 볼 수도 있다. 그러나 부채상환에서 금리보다 더 중요한 것이 있으니 바로 원금상환 여부다. 사학연금대출의 경우 강제로 원금과 이자가 한꺼번에 상환된다. 매월 부담은 크지만 원금이 같이 상환되기 때문에 궁극적으로 이자도 함께 줄어들게 된다. 반면 은행대출의 경우 금리는 낮아도 거치 기간 동안 이자만 상환하는 방식이기 때문에 원금이 전혀 줄어들지 않아 시간이 지나면 오히려 이자 부담이 더 커지는 결과를 낳는다. 금리가 더 낮은 상품으로 갈아탔으니 발품을 판 보람이 있다고 K씨는 좋아했지만 따지고 보면 부채를 더 오랫동안 짊어져야 하는 잘못된 선택을 한 것이다.

부채 문제의 핵심은 '금리가 몇 퍼센트인가?'가 아니라 '원금을 얼마나 갚고 있는가?'다. 금리가 낮아져 이자 부담이 줄어드는 것은 부채를 해결하는 데 그 어떤 도움도 되지 않는다. 부채를 해결하는 방법은 원금을 조금이나마 많이 갚아 원금에 따른 이자 자체를 줄이는 것이 유일하다. 바보 같은 말이라 생각할 수 있지만 오히려 이자가 조금 더 높더라도 원금을 상환하는 방식으로 부채를 갚아야 하루라도 빨리 부채의 사슬에서 벗어날 수 있다.

고통의 시간을 줄여야 한다

부채를 갖고 있는 상황 자체가 일상에서 주는 스트레스와 부담감은 상당하다. 매달 통장에서 빠져나가는 이자를 볼 때마다 무슨 수를 쓰더라도 빨리 이 짐을 털어버리고 싶은 마음이 간절해진다. 부채가 있는 사람이라면 누구나 공감할 것이다.

부채를 없애기 위해서는 두 가지를 기억해야 한다. 첫째, 지출을 통제하고 관리해야 한다. 심리계좌는 부채에 공돈이라는 이름표를 붙여서 우리를 착각하게 만든다. 그러나 부채는 절대 공돈이 아니며 오히려 이자라는 비용까지 부담해야 한다. 부채로 인해 늘어난 지출을 제대로 통제하고 관리하지 않으면 추가적인 부채가 발생하고 재무상태는 더 악화되는 악순환에 빠져든다.

둘째, 반드시 원금을 이자와 함께 상환해야 하고 가능한 모든 방법을 동원하여 원금상환의 규모를 늘려야 한다. 20년 만기 대출이라고 20년 동안 이자를 내겠다고 생각하지 마라. 1년에 한 번씩 보너스, 상여금, 예상 외 수입 등 가능한 재원을 모두 모아 원금을 추가로 상환해서 하루라도 더 빨리 빚을 갚도록 의식적으로 노력해야 한다.

부채를 갚는 이 지난한 과정을 조금이라도 빨리 끝내고 싶다면 한 가지 방법이 있다. 현금화할 수 있는 자산, 그것이 집이든 차든 주식이든 상관없이 팔아서 원금을 갚는 것이다. 이러면 이자 부담이 줄어들어 재무상태가 극적으로 호전될 수 있다. 만약 그게 불가능하다면 허리띠를 졸라매고 아껴 쓰고 절약해, 원금을 갚아 부채를 조금씩이라도 줄여가야 한다. 부채를 얻는 것은 빠르고 쉬울지 모르나 갚는 것은 이렇듯 길고 어렵다.

2부
돈 걱정 없이 사는 법

돈에 관한 다섯 가지 착각을 보며 지금까지 해온 수많은 실수와 낭비한 돈을 생각하면 속이 쓰렸을 것이다. 하지만 깨달음만으로 끝나면 의미가 없다. 2부에서는 이런 깨달음을 바탕으로 어떻게 가정경제 시스템을 정비해야 평생 돈 걱정 없이 살 수 있는지 알려줄 것이다. 다년간의 가정경제 상담을 통해 정리한 가장 단순하고 현실적인 구조 조정 방법, 그리고 스트레스 없이 소비를 줄일 수 있는 지출 관리 시스템을 통해 돈 걱정 없는 인생을 계획해보자.

1장 벌기

얼마나 벌어야 돈 걱정이 없을까?

돈 많이 버는 것을 싫어할 사람은 없다. 누구나 조금이라도 자신의 소득이 늘어나기를 희망한다. 그러나 현실은 반대다. 돈 벌기가 점점 힘들어지고 있다. 취업난으로 인해 청년들은 조금이라도 '스펙'을 높이느라 졸업을 미룬다. 유학이라도 다녀오면 나이가 서른 살 가까이 되어 첫 직장을 갖는다. 어렵게 취업했지만 평생직장의 개념은 진작에 사라지고 고용시장은 불안해서 막상 돈 벌 기간은 얼마 되지 않는다. 만약 30세부터 돈을 벌기 시작해서 50세에 퇴직을 한다면 평생 소득활동 기간이 20년 밖에 되지 않는다. 과연 20년 벌어 평생을 먹고살 수 있을지 생각만 해도 막막하기 그지없다.

고정지출부터 줄여라

당장 한 푼이라도 돈을 더 버는 것은 쉬운 일이 아니다. 주말에 아르바이트라도 해야 하나 싶지만 그러기 위해서는 건강과 시간을 희생해야 한다. 그렇다고 소득을 늘리는 방법이 아예 없는 것은 아니다. 내가 실제로 버는 돈인 명목소득을 늘리는 것이 아니라 가처분소득, 즉 내가 쓸 수 있는 돈을 늘리면 된다. 가처분소득은 세금이나 이자 같은 금융비용을 제외하고 언제든 자유롭게 소비나 저축에 사용할 수 있는 소득을 의미한다. 여기서는 범위를 좀더 좁혀 자유롭게 저축할 수 있는 돈을 가처분소득이라 규정짓겠다. 소득이 늘지 않더라도 가처분소득이 늘어나면 결과적으로 돈을 더 버는 것과 같은 효과를 얻을 수 있다.

가처분소득을 늘리기 위해서는 무엇보다도 매월 고정적으로 지출되는 비용을 줄여야 한다. 고정지출은 매월 빠짐없이 나가는 지출이기 때문에 한 달에 5만 원이라고 해도 1년이면 60만 원이라는 돈을 쓰게 된다. 반대로 고정지출 5만 원을 절약하면 1년에 60만 원이라는 가처분소득이 생긴다.

고정지출을 줄이는 것은 단순하지 않다. 부채이자, 사교육비, 보험료 같은 큰 규모의 고정지출은 단순히 아껴 쓰는 문제가 아니라 가치관과 생활방식의 변화가 수반되어야 줄일 수 있기 때문이다. 그렇다고 해서 고정지출을 줄이는 것을 포기해서는 안 된다. 고정지출 중에서 지금 당장 줄일 수 있는 항목들도 매우 많다. 대표적인 것이 전기세, 통신비, 대여비 같은 것들이다. 전기세는 콘센트를 멀티탭으로 바꾸고, 안 쓰는 불을 끄고, 밥솥의 보온기능을 사용하지 않는 것만으로도 1~2만 원 이상을 줄일 수 있다. 통신비를 줄이기 위해서는 우선 불필요하게 비싼 휴대폰 요금제를 쓰고 있지는 않은지 점검해야 한다. 사람들은 처음 살 때 정해 놓은 요금제를 잘 바꾸지 않는 경향이 있다. 그 결과 한 달 100분이면 충분히 통화가 가능한데 300분짜리 요금제를 쓰거나 스마트폰으로 통화만 하면서 비싼 데이터 요금제를 쓰기도 한다. 그리고 요즘 많은 가정에서 정수기나 비데를 대여해서 쓰지만 물 한번 끓이는 수고를 감수하면 굳이 매월 대여비를 내면서까지 정수기를 쓰지 않아도 된다.

이런 지출들은 개별적으로 따지면 푼돈이라 여길 수도 있다. 그러나 전기세 2만 원, 통신비 5만 원, 렌탈비 3만 원만 줄여도 한 달에 10만 원, 1년이면 120만 원을 절약할 수 있다. 이 외에 다른 고정지출도 점검하고 10퍼센트씩이라도 줄인다면 그 절감효과는 적지 않다. 줄어드는 고정지출만큼 가처분소득은 늘어나고 결과적으로 돈을 버는 것과 같은 효과를 거둘 수 있다.

또한 어떤 물건들은 가지고 있는 것만으로도 매월 고정지출을 발생시킨다. 자동차는 소유하는 순간 주유비와 세금이라는 고정지출을, 더 큰 냉장고는 더 많은 전기세를, 5평 넓은 집은 그만큼의 관리비 부담을 선물한다. 뭔가를 새롭게 소유하기 전에 매달 고정지출이 추가로 발생하지는 않을지, 그 지출을 내가 부담할 수 있을지 따져보아야 한다.

가장 악성인 고정지출은 바로 부채다. 1부에서 마이너스 통장 이자의 무서움에 대하여 설명했다. 30년 동안 한 달에 5만 원씩 이자를 낸다고 가정해보자. 원금이 아니라 단지 이자로 잃어버리는 기회비용이 4000만 원이 넘는다. 마이너스 통장 등의 '빚'을 얻을 때는, 더 벌어도 시원찮을 판에 매월 꼬박꼬박 고정지출을 만들면서 소중한 가처분소득을 고스란히 까먹게 되지는 않을지 꼭 체크해보자.

얼마 버는지보다 얼마나 오래 버는지가 더 중요하다

버는 시간은 제한되어 있지만 쓰는 것은 평생이다. 가정경제는 평생에 걸쳐 수입과 지출의 균형을 잡아야만 생존할 수 있다. 그렇기 때문에 현재의 소득만 보고 자신의 전체적인 삶을 판단하는 것은 매우 위험하다. 누구나 소득의 절정기가 있고 그 시기가 지나면 소득은 반드시 줄어들 것이기 때문이다. 지금 얼마를 버는지가 중요한 것이 아니라 평생 나의 소득 흐름이 어떻게 될 것인지, 즉 생애소득이 얼마인지가 더 중요하다.

현재 소득이 높은 사람이 생애소득 측면에서 따져보면 의외로 취약하다. 월급을 많이 주는 직장에 취업하기 위해서는 어학연수, 유학, 대학원, 자격증, 심지어 성형수술에까지 돈과 시간을 투자해야 한다. 그런데 이렇게 '스펙'을 챙기느라 늦은 나이에 취업하니 돈 벌 수 있는 시간이 줄어들어 생애소득은 오히려 줄어든다. 또한 현재 소득이 높다면 생활 수준도 그에 맞춰 높을 수밖에 없다. 골프, 해외여행, 외제차, 영어유치원 같이 비용이 많이 드는 것도 별 거부감 없이 받아들인다.

자신의 소득이 계속 유지될 때는 큰 문제가 되지 않지만, 50대에 이르러 퇴직을 하게 되면 당장 '소득 감소'라는 불똥이 떨어진다. 50대면 아직 한창 일할 나이이기 때문에 새로운 직장을 찾아보지만, 지금까지 받던 높은 급여를 보장받는 직장을 찾는 것이 결코 쉽지 않다. 회사 입장에서도 많이 벌던 사람을 채용하는 것은 껄끄러울 수밖에 없기 때문에 퇴직자의 취업은 자신의 의지와 달리 어렵기만 하다. 실제로 대기업 이사, 은행 지점장처럼 높은 지위에서 많은 급여를 받던 사람들은 재취업을 하는 것이 매우 어렵다. 취업이 가능하다 해도 이전보다 급여 수준이 낮기 때문에, 대부분 본인이 직접 사업을 하겠다고 창업에 뛰어든다. 하지만 우리나라 창업 성공률이 15퍼센트도 되지 않는다는 사실을 감안하면 창업은 생애소득을 늘리는 것이 아니라 오히려 벌어 놓은 돈마저 까먹는 결과로 이어질 가능성이 높다.

상황이 이러하니 퇴직 후 지출을 줄이는 과정에서 겪게 되는 박탈감과 자괴감은 이루 말할 수 없을 정도다. 집을 줄이고, 차를 팔고, 아이들 학원을 끊어야 한다 생각하니 스스로 무능력하다는 느낌이 든다. 최선을 다해 열심히 산다고 살았는데 도대체 무엇을 잘못했는지 억울하기만 할 따름이다.

인생 이모작의 두 가지 필요조건

생애소득을 높이기 위해서는 은퇴 후에도 직업을 가져야 하지만, 은퇴 후 직업은 청년시절 직업을 선택하는 것과는 다르게 접근해야 한다. 젊은 사람도 취업하기 힘든 마당에 은퇴 후에도 돈 많이 주는 버젓한 직장에 취업하는 것은 당연히 어려운 일이다. 그리고 은퇴 후에는 매일 아침 9시에 출근하고 야근까지 하면서 일하기보다 자유롭게 시간을 활용하면서 일하는 것이 더 나을 수 있다. 또, 꼭 한 가지 직업만 가지라는 법도 없다. 회사에 소속되어 있지 않으면 취미를 직업으로 발전시켜 두 가지 일을 함께하는 것도 얼마든지 가능하다. 이렇게 은퇴 후 인생 이모작에서의 직업은 꼭 정규직일 필요는 없다. 비정규직도 파트타임도 가능하다.

그러나 퇴직 후에도 돈을 많이 버는 것을 직업의 목적으로 하면 선택의 폭은 좁아진다. 조건도 급여 수준도 만족스러운 회사를 찾기 위해 동분서주해야 하고, 취업을 한 다음에는 여전히 상사의 눈치를 보고 부하직원의 압박을 견디고 지겨운 출퇴근을 계속해야 한다. 만약 창업을 하려면 어떤 업종이 유망한지 밤새 고민해야 하고, 사업을 시작하면 수익과 비용은 물론이고 고객 관리, 사람 관리 등 이것저것 신경 써야 할 것들이 끊이질 않게 된다.

반면 은퇴 후 벌고자 하는 소득의 기준이 낮으면 다양한 선택을 할 수 있는 여지가 생긴다. 오히려 청·장년기에 돈 버느라 미뤄두었던 하고 싶은 일들을 직업으로 발전시킬 수도 있다. 하고 싶었던 일을 하게 되면 저절로 더 잘하게 되고, 보람과 재미도 느낄 수 있다. 이렇게 즐거운데 조금이나마 소득도 생긴다면 더불어 생애소득도 커지게 된다. 진정한 인생 이모작은 바로 이런 것을 의미한다.

이러한 바람직한 인생 이모작이 가능하기 위해서는 두 가지 필요조건이 있다. 첫째, 빚이 없어야 한다. 빚이 있으면 원금과 이자 상환을 해야 하기 때문에 당연히 많이 벌어야 한다. 아무리 하고 싶은 일이 있어도 빚이 있으면 밤을 새며 일을 해서라도 빚을 갚아야 한다. 이런 상황에서 인생 이모작은 배부른 소리밖에 되지 않는다. 둘째, 지출 규모가 작아야 한다. 고정지출이 많거나 자녀에게 들어가는 돈이 많다면 역시나 선택의 여지는 없다. 지출 규모를 줄이고 여기에 맞춰 사는 훈련이 되어 있어야만 은퇴 후 직업 선택의 폭을 넓힐 수 있다.

노후자금 최소 20억 원?

은퇴를 앞둔 50대뿐만 아니라 40대의 노후 준비가 더 심각한 문제입니다. 자녀 교육비 등 쓸 곳은 가장 많은 때지만 수입은 제 자리에 가계 빚만 늘고 있습니다. (……) 회사원 ○○○씨, 올해 마흔 세 살입니다. 재산은 아파트 한 채가 전부, 주택담보대출로 빚이 많고 저축은 거의 없습니다. 초조한 마음에 최근 개인연금에 가입했습니다.
"일한 날보다 일할 날이 적어요. 그게 갑자기 느껴지더라고요."
(……) 40대라면 소득의 최소 10퍼센트는 은퇴 준비에 투입할 시기라고 전문가들은 조언합니다.

_KBS TV 뉴스 중에서(2012.2.6.)

노후자금으로 20억 원이 필요하다는 말은 한번쯤 다 들어봤을 것이다. 신문이나 잡지의 재무상담 코너, 연금가입을 권유하는 보험설계사, 또 보험사 광고에서는 은퇴 후 30년 동안 짜장면만 먹고 살아도 20억 원이 필요하다는 이야기를 자연스럽게 풀어 놓는다. 이런 뉴스를 보면 가뜩이나 지금도 쪼들리며 사는데 돈도 못 버는 노후에 20억 원이나 필요하다니 자연스레 한숨부터 나오고, 막연한 불안감에 휩싸인다. '지금이라도 뭔가 노후대비를 해야 하지 않을까?' '인터뷰한 사람처럼 연금이라도 가입해야 하나?' 하는 조바심이 생긴다

"노후준비를 해야 한다, 노후 생활비로 20억 원이 필요하다."는 이야기는 사람들의 공포를 자극하고 조바심을 불러일으킨다. 전문가라는 사람들도 수입의 10퍼센트는 노후준비에 써야 한다고 힘주어 권유한다. 그러나 이런 주장들이 혹시 노후대비용 금융상품 판매를 노린 공포마케팅은 아닌지 의심해봐야 한다.

노후 생활비에 대한 과장된 공포

월수입 300만 원이 넘는 K대리. 재무 설계 전문가 등에 따르면 30대는 연금투자를 미뤄서는 안 된다. K대리가 65세에 은퇴해서 95세까지 살면서 월 생활비로 200만 원(현재 가치)을 쓴다면 65세 은퇴 일시금으로 13억 원이 필요하다.

_「매일경제」 '당신도 65세 은퇴자금으로 13억 만들 수 있다' 중에서

(2012.6.9.)

위 기사에서 전문가는 30대 초반 K씨가 노후 30년 동안 현재 가치로 월 200만 원 수준의 생활을 유지하기 위해 일시금으로 13억 원이 필요하다고 말한다. 그러나 이 주장은 현재와 미래를 오가며 발생하는 사람들의 화폐착각을 교묘하게 이용한 측면이 많다.

13억 원은 K씨가 65세가 되는 30년 후에 필요한 금액으로 이것을 현재 가치로 따져보면 훨씬 적은 금액이다. 즉 물가상승률을 4퍼센트로 계산하면 30년 후 13억 원의 현재 가치는 4억 원이다. 그러나 화폐착각으로 인해 사람들은 미래 13억 원을 4억 원이 아니라 현재의 13억 원과 동일시하고 어떻게 이렇게 큰 돈을 모아야 하나 두려움을 느낀다.

아무리 그래도 지금 버는 돈을 생각하면 언제 13억 원을 모으나 하겠지만 앞으로 30년 동안의 임금상승을 생각해야 한다. 실제로 2000년부터 2009년까지 생활물가 지수는 39퍼센트 상승한 반면 소득은 70퍼센트 상승했다(통계청 자료 참조). 지금 월 200만 원을 벌고 있다면 물가상승률 정도인 연 4퍼센트씩만 임금이 상승해도 30년 후에는 200만 원이 아니라 620만 원을 벌고 있을 것이다.

이렇게 따지고 보면 노후자금 13억 원이라는 말은 사람들의 화폐착각을 교묘하게 이용해 공포심만 자극할 뿐, 노후에 대한 올바른 정보를 제공하는 것이라 볼 수 없다.

13억 원 VS. 월 150만 원

그렇다면 과연 노후자금은 얼마가 필요한 것일까? 만약 '젊었을 때 모은 돈으로 노후를 준비하겠다.'라는 프레임으로 노후자금에 접근한다면 당연히 많은 돈이 필요하고, 이것은 사실상 달성 불가능한 일이다. 은퇴할 나이인 60세에 자녀 교육시키고 결혼시키면서 빚이라도 안 지면 다행인 것이 지금 우리 중산층의 엄연한 현실인데 13억 원을 현금으로 가지고 있는 것이 어디 가능한 일인가?

하지만 이 프레임은 한 가지 문제가 있다. 일시금 13억 원으로 준비를 한다는 것은 은퇴 후 전혀 소득을 창출하지 못한다는 것을 가정하고 하는 말이다. 가능성을 떠나서 만약 이런 일이 발생한다면 사회적으로 큰 문제가 될 수밖에 없다. 즉, 전 사회구성원의 20퍼센트가 넘는 60세 이상 인구가 전혀 경제적 활동을 하지 않고 집에서 있는 돈이나 꺼내 써야 한다는 이야기가 되기 때문이다. 이건 가능하지도 않지만 사회 전체적으로도 인력 활용이라는 점에서 엄청난 손실이다.

노후준비를 생각할 때는 일시금으로 얼마가 필요하다는 프레임으로 접근하면 안 된다. 그러면 미래 가치에 대한 화폐착각으로 인해 쓸데없이 많은 돈이 필요하다는 공포에 빠지게 된다. 노후자금은 은퇴 시점에 얼마가 필요하다가 아니라 은퇴 후 한 달에 만들어낼 수 있는 현금이 얼마인지를 따져야 한다. 만약 내가 노후에 한 달 150만 원(현재 가치)의 현금을 만들어낼 수 있다면 일시금 13억 원 없이도 노후준비가 가능하다. 물론 한 달 150만 원이 충분하지 않다고 생각할지 모르겠다. 그러나 자녀를 독립시키고 두 부부가 작은 집에서 소박하게 살아간다고 전제했을 때, 150만 원 정도면 기본적인 생활은 충분히 가능하다.

한 달 150만 원을 위한 소득원을 만들자

은퇴 시점의 13억 원이 아니라 은퇴 후 월 150만 원의 현금을 만드는 것을 노후 목표로 세우고 나면, 이것을 어떻게 실현할지를 고민해야 한다. 물론 150만 원을 무조건 월급으로 벌겠다면 그건 쉽지 않다. 그러나 소득원을 다양하게 넓히면 절대 불가능한 목표는 아니다.

먼저 국민연금이 있다. 국민연금에 부부가 가입해서 65세부터 수령하면 1인당 50만 원씩만 수령해도 100만 원이 된다. 국민연금만으로도 상당한 수준의 노후생활비 확보가 가능하다. 여기에 작은 집에 살겠다고 결심하면 이전에 살던 집을 정리하고 남은 돈으로 금융자산을 만들어 이자 수입도 가능하다. 개인연금이 있다면 여기에서 나오는 연금을 수령할 수도 있다.

이렇게 '국민연금+자산소득+개인연금'만으로도 월 150만 원의 현금을 만들어낼 수 있다. 그러나 무엇보다 중요한 것은 일을 통한 소득이다. 앞에서 설명한 것처럼 은퇴 후 일은 '돈을 벌기 위한 지겨운 노동'이 되어서는 안 된다. 재미있고 하고 싶은 일을 하면서 삶의 의미와 보람을 찾을 수 있는 '내 일'이어야 한다. 이미 연금과 이자소득으로 기본적인 현금을 만들어 놓았기 때문에 일을 통해서는 말 그대로 내가 쓰는 용돈만 벌어도 된다. 하고 싶은 일을 하면서 용돈만 벌어도 되는 생활, 상상만 해도 즐거운 이런 삶이 청·장년기에는 불가능해 보이지만 은퇴 후에는 가능해진다.

한 달에 50만 원, 100만 원씩 연금을 붓는 것이 진정한 노후준비는 아니다. 이런 방식은 미래를 위해 현재의 욕구와 욕망을 참아야 하기 때문에 정작 지금 행복할 수가 없다. 돈은 모으고 있을지 몰라도 나이 드는 것과 미래에 대한 불안을 떨쳐낼 수 없다. 은퇴 전에 10억 원을 모아 은퇴 후에는 실버타운에 입주해서 골프치고, 여행 다니고 한다 하더라도 진짜 '내 일'이 없다면 지루한 일상만을 반복하게 될 것이다.

지금부터 은퇴 후에 어떤 일을 하면 재미있을지, 무엇을 하고 싶은지를 고민하고 그 능력을 키우는 것이 진정한 노후준비이자 인생 이모작 준비다. 만약 그런 일을 찾고, 능력을 개발하고, 그 일로 한 달에 50만 원이라도 지속적으로 벌 수 있다면 노후는 맞닥뜨리기 두려운 존재가 아니다. 오히려 가족에 대한 의무와 책임감에서 벗어나, 진정 내가 하고 싶은 일을 하면서 남은 여생을 보낼 수 있는 선물 같은 시간이 될 것이다.

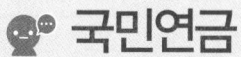 국민연금

국민 연금은 고갈된다?

국민연금이 고갈될지도 모른다고 걱정하는 사람들이 많다. 정확하게 이야기하면 연기금이 부족해지는 것이지 고갈되지는 않는다. 국민연금은 보험사가 이윤창출을 위해서 운영하는 개인연금과는 달리 국가가 운영하는 사회보험이기 때문에 국가가 수급을 거부할 수 없다. 국가는 기업처럼 돈이 없다고 파산신청하고 나 몰라라 할 수 없는 존재이기 때문이다. 따라서 연기금이 부족해지면 징수 방식을 변경해서라도 지급을 해야 한다. 이 경우 젊은 층의 부담이 더 커지고 소득대체율도 줄어들겠지만 고갈되어 받을 수 없게 되지는 않는다. 개인연금의 경우 운영하는 보험사의 이익을 뺀 나머지를 가입자에게 돌려주지만 국민연금은 국가가 이익을 취할 수 없기 때문에 개인연금보다 가입자에게 유리할 수밖에 없는 구조다.

예전에 찾아 썼던 국민연금, 다시 내면 부활 가능

직장인 K씨는 외환위기 시절에 첫 직장을 퇴사하면서 3년 동안 납입했던 국민연금을 찾아서 썼고, 지금은 후회하고 있다(외환위기 시절, 1999년 1월 1일 이전 국민연금 가입자 중 1년 동안 소득이 없으면 2000년 12월 31일까지 신청한 경우 그동안 낸 국민연금을 반환일시금 명목으로 찾을 수 있었던 특례반환일시금 제도가 잠시 운영되었다). 국민연금은 얼마를 냈는지도 중요하지만 얼마나 오랫동안 가입했는지도 연금수령액에 큰 영향을 끼치기 때문이다.

특히 우리나라 국민연금은 가입 시기가 매우 중요하다. 평균소득 대비 연금을 받는 수준을 대체율이라고 한다. 국민연금을 처음 도입했을 당시 가입 기간 40년 기준으로 소득대체율은 70퍼센트였다. 그런데 1999~2007년 가입한 사람은 소득대체율이 60퍼센트로 내려갔다. 연금법 개정으로 2008년 가입자는 50퍼센트로 내려갔고, 이후 매년 0.5퍼센트씩 낮아져 2028년에는 40퍼센트로 내려간다. 즉 월급 100만 원인 직장인이 1998년에 국민연금에 가입했다면 2038년에 매월 70만 원(현재가치 기준)을 수령하게 되지만, 2008년에 가입했을 경우에는 2048년 연금 수령액은 매월 50만 원(현재 가치 기준)이 된다.

K씨의 경우 최초가입이 1995년이었으나 납입한 돈을 찾아 썼고, 1999년에 직장생활을 다시 시작하며 새로 국민연금을 납부했기 때문에 최초 가입연도가 1999년이 되어 소득대체율이 60퍼센트로 떨어졌다. 직장인 K씨는 국민연금에 관심조차 없다가 이런 차이를 알고부터는 자꾸 속이 쓰리다.

하지만 이런 K씨에게도 방법이 있다. 국민연금공단에 과거에 찾아 쓴 금액을 지금 다시 내겠다고 신청하면 된다. 그러면 공단에서는 찾아 쓴 원금에 그 기간 동안의 이자를 붙여서 납부할 금액을 알려주고, 매월 낼지 아니면 일시불로 낼지를 결정할 수 있게 한다. 이자가 생각보다 크게 느껴질 수 있지만 나중에 연금으로 받을 혜택을 생각하면 지금 여웃 돈을 모아 국민연금을 납부하는 것이 훨씬 이득이 될 수 있다.

직장을 그만둔 전업주부, 임의가입 가능하다

주부 A씨는 육아 때문에 다니던 직장을 그만두었다. 외벌이가 되고 나서는 줄어든 수입 때문에 노후준비는 생각도 못하고 있다. 그나마 납부하던 국민연금도 끊겼으니 지금까지 낸 돈이 아깝기도 하다. 하지만 A씨처럼 신고되는 소득이 없는 전업주부라도 내가 국민연금을 내고 싶다면 임의가입이라는 형식으로 얼마든지 납입이 가능하다. 이렇게 하면 이전에 직장에서 납입했던 이력을 다 인정받을 수 있다. 2011년 기준 임의가입 시 최소가입금액은 8만 9100원이고 직장에서 납입한 이력을 포함하여 최소 120개월을 납입하면 연금수령이 가능해진다.

특히 주부들의 경우 과거에 직장생활을 통해 국민연금을 냈는데도 그걸 잘 모르는 사람들이 많다. 한 번 이상 국민연금을 납입했다면 그 이력은 모두 인정받을 수 있으므로 국민연금 관리공단 홈페이지에서 본인의 납입이력을 반드시 확인해봐야 한다.

부모님과 자녀를 위한 국민연금도 가능하다

전업주부 같은 사례는 부모님에게도 적용이 된다. P씨의 아버지(60세)는 국민연금 가입 기간이 80개월밖에 되지 않지만, 최소 가입 기간인 120개월을 임의가입으로 채워서 불입하면 연금수령이 가능하다. P씨는 아버지 국민연금을 자기가 대신 내기로 했다. 부모님이 국민연금을 수령하게 되면 P씨의 부모님 부양부담을 많이 덜 수 있기 때문이다.

여유가 있다면 자녀에게 국민연금을 물려주는 것도 좋은 선물이 된다. 18세 이상의 자녀를 국민연금에 임의가입하고 그 돈을 부모가 내주는 것이다. 이 경우 부모가 내주는 국민연금금액은 증여세 대상이 되지 않아 세제상으로도 유리하다. 자녀 입장에서도 젊었을 때부터 국민연금에 가입되어 있으면 나중에 받을 금액이 커져서 이익이 된다.

노후준비의 첫걸음

국민연금은 국가가 국민에게 최소한의 노후생활을 보장해주기 위해 만든 제도임으로 압류대상이 되지 않는다. 개인연금이나 그 밖의 저축은 만의 하나 압류되어 없어질 수도 있고, 집을 사거나 아이들 학비 때문에 깨서 쓸 가능성도 높다. 그러나 국민연금은 압류도 되지 않고 중간에 찾을 수도 없기 때문에 온전하게 노후만을 위해 쓸 수 있다는 장점이 있다.

또한 국민연금은 소득재분배의 효과가 있기 때문에 낸 만큼의 비율로 돌려받는 것이 아니라 적게 내도 일정금액을 수령하도록 보장하고 있다. 따라서 소득이 적을수록 국민연금으로 노후를 대비하는 것이 가장 효과적인 수단이 된다. 직장생활을 하는 경우 국민연금의 50퍼센트를 회사에서 부담하기 때문에 내가 낸 돈만으로 수익률을 따져보면 어느 금융상품 못지 않다. 부부가 국민연금을 20년 이상 납부하면 자산 가치는 10억 원이라고 하는 조사도 있다. 내가 잊고 있는 국민연금은 없는지 지금이라도 찾아보고 준비하는 것이 노후준비의 가장 중요한 첫걸음이다. 국민연금 불입 내역은 국민연금관리공단 홈페이지에서 조회가 가능하다. 속는 셈치고 한번 조회해보면, 잊고 있던 보물을 찾게 될지도 모른다.

2장 쓰기

어떻게 써야
후회가 없을까?

하루라도 돈 안 쓰고 사는 날이 있을까? 소비는 우리 삶 그 자체라고 해도 과언이 아니다. 원시 시절에 사냥과 수렵채집으로 얻은 음식과 가죽 등을 활용했던 것도 결국 소비의 다른 모습이라 할 수 있다. 이처럼 재화를 취득해서 필요를 충족시키는 행위로서의 소비는 인간에게 필수적인 활동이다.

소비는 본능이다

사람들은 돈을 쓰면서도 고민이 많다. 왜 돈을 쓰고 나면 늘 후회하는지, 내 소비에 무슨 문제가 있는 것은 아닌지, 어떻게 해야 돈을 잘 쓰는 것인지 알고 싶지만 답을 얻기는 어렵다. 이런 고민을 단순히 돈을 낭비하거나 과소비하는 문제로만 접근해서는 안 된다. 이 고민은 소비 자체가 아니라 소비하는 물건에 감정이입을 하는 습관 때문에 발생하는 것이다.

소비에 대해 정확하게 이해하기 위해서는 우선 소비와 소비주의를 구별해야 한다. 소비는 필요에 의해서 물건이나 서비스를 구매하는 것이라 정의한다면, 소비주의는 정서적·사회적 욕구를 쇼핑으로 충족하려 하고 자신이 소유한 물건을 통해 스스로의 가치를 규정하고 남에게 보이려고 하는 것을 의미한다.

잘 곳이 필요하면 집을 얻고, 배고프면 밥을 먹고, 피곤하면 커피를 마신다. 이동을 위해서 차가 필요하고, 지식이 필요하면 책을 보고, 물건을 담을 곳이 필요하면 가방에 넣는다. 이처럼 필요를 위한 소비는 집, 밥, 커피, 책, 가방 같은 보통명사를 구매하는 것이다. 그러나 소비주의를 이해하기 위해서는 집이 아니라 타워팰리스, 커피가 아니라 스타벅스, 차가 아니라 그랜저, 책이 아니라 SKY 대학 졸업장, 가방이 아니라 루이비통 같은 고유명사, 정확하게는 그 고유명사가 상징하는 것을 떠올려야 한다.

이렇게 소비주의는 단순히 생존욕구를 충족시키는 것을 넘어서 소유한 물건이 상징하는 것과 나를 일치시켜 타인들에게 보여주고자 하는 사람들의 욕망이 발현된 것으로 이해할 수 있다. 즉 물건을 사는 것이 아니라 그 물건이 상징하는 것을 사는 것이다.

나 이런 사람이야

'나 이런 사람이야'라는 것을 드러내는 방식으로서의 소비주의는 이성이나 합리성과는 거리가 멀다. 합리적인 소비자는 비슷한 물건이라면 더 싼 것을 선택하고, 세 배 비싼 물건이 있다면 세 배만큼의 효용이 있어야만 그 물건을 산다. 그러나 실제로 사람들은 그 물건이 나에게 주는 효용이나 가치보다는, 그 물건이 무엇을 상징하는지를 더 중요하게 여기는 경우가 많다.

국산 브랜드 립스틱이 1만 원 정도 한다면 외국 브랜드 립스틱은 그 다섯 배인 5만 원 정도다. 다섯 배가 비싸면 그만큼 좋다는 확신이 있을 때 소비해야 하지만 사람들은 별다른 검증 없이 기꺼이 다섯 배 비싼 립스틱을 산다. 단지 예쁜 입술을 위한 립스틱이 아니라 '그 립스틱을 사용하는 나'라는 이미지를 사는 것이다. 외국 유명인들이 애용한다는 고가의 유모차는 그 가격만큼 아이에게 편안함과 안락함을 제공하지 않을지도 모른다. 그러나 그 유모차에 아이를 태우고 돌아다니면 나를 쳐다보는 사람들에게 나는 이 정도 유모차를 끌고 다닐 수 있는 사람임을 은연중에 내세우는 것이 가능하다. 사람들에게 내가 얼마나 지식이 많은지 증명하는 것은 쉽지 않지만, 명문 대학교 졸업장이 있다면 더 설명할 필요 없다.

우리가 소비할 때 가장 중요하게 생각하는 '가격'도 물건의 효용성과는 상관없이 그 물건이 가지는 상징이 얼마나 강하냐에 따라 결정된다. 큐빅과 다이아몬드는 일반인들이 봐서는 잘 구별이 안 가지만 다이아몬드가 가지는 희소성으로 인해 가격은 몇 백배나 비싸다. 단지 향기가 첨가된 물에 불과한 향수는 그것이 주는 이미지로 인해 그냥 물보다 엄청나게 더 비싸다. 같은 소재에 같은 쓰임을 가진 가방이더라도 유명하지 않은 브랜드의 가방, 명품을 흉내 낸 '짝퉁'가방, 명품가방 순서로 그 가격은 기하급수적으로 증가한다.

당신의 속마음까지 읽어주는 친절한 마케팅

만약 사람들이 필요를 충족시키는 소비만을 한다면 기업은 어떻게 될까? 사람들이 물건에 감정이입을 하지 않고 그저 필요한 것만 그것도 가격에 딱 맞는 효용성을 가진 상품만을 골라 정말 합리적이고 이성적으로 소비한다면 기업은 생존할 수 있을까?

 기업이 생존하기 위해서는 소비자가 끊임없이 물건을 사줘야 한다. 만약 소비자가 생존에 꼭 필요한 것만 산다면 기업들의 판매는 제한적일 수밖에 없다. 더 많이 그리고 더 비싼 물건을 팔고 싶은 기업은 결국 사람들에게 소비가 아닌 소비주의를 자극해야 한다. 광고나 마케팅도 제품의 장점을 설명하는 것에서 점점 소비주의를 강조하는 방향으로 진화해왔다.

 예를 들어 "한 번의 선택이 10년을 좌우한다."는 예전 광고는 물건이 얼마나 튼튼하고 오래 쓰는지를 자랑하는 것이다. 그러나 요즘 광고는 "요즘 어떻게 지내냐는 친구의 말에 그랜저로 대답했습니다." "당신이 사는 곳이 당신을 말해줍니다."라는 식으로 물건이 상징하는 것과 소비자를 일치시켜 소비주의를 자극하고 구매를 유도한다.

특히 IT기술의 발달과 신용카드 사용의 확대로 인해 기업들은 소비자들의 마음까지도 읽어낼 수 있게 되었다.

이제 기업은 당신이 무엇을 샀고 앞으로 무엇이 필요한지 다 알고 있다고 해도 과언이 아니다. 소비자가 부모라면 어린이 용품의 할인 쿠폰을 보내고, 수영장 회원권을 카드로 결제하면 '신상' 수영복 안내 메일을 보낸다. 인터넷 쇼핑몰에서 장바구니에 담았다가 취소한 상품은 나중에 할인 행사를 한다며 안내 문자가 온다. 화장품을 사면 다 쓸 때쯤에는 휴대폰 메시지로 재구매를 유도하며 소중한 나를 위해 준비했다는 할인 쿠폰을 보내준다. 우리는 이제 뭔가를 사라는 권유로부터 자유로울 수 없다.

기업들은 소비주의를 자극하는 과정에서 소비자가 원하는 것이 아니라 기업이 원하는 것을 판매하려고 한다. 스마트폰을 쓰기 싫어하는 사람이라 할지라도 통신사와 제조사들이 더는 일반 휴대폰(피처폰)을 판매하지 않는다면, 울며 겨자 먹기로 스마트폰을 써야 한다. 고장 난 가전제품을 고쳐 쓰고 싶어도 제조사가 부품이 없다고 하면 어쩔 수 없이 새 물건을 사야 한다. 양문형 냉장고가 불편해도 시중에 양문형 밖에는 나와 있지 않으면 선택의 여지가 없다.

기업들은 물건뿐만 아니라 '필요'를 만들어낸다. 실제로는 필요 없을지도 모르지만 필요하다고 생각하게 만들어야 소비가 생기기 때문이다.

사람들에게 새로운 무언가를 욕구하게 하려면 이미 갖고 있는 물건들을 구식이라고 느끼게 해야 한다. 요즘은 특히 물건을 교체하는 주기가 점점 빨라지고 있다. 한 계절만 지나면 새로운 물건이 속속 등장하고 유행도 늘 바뀐다. 멀쩡해서 쓰는 데 지장 없는 물건들이 단순히 유행이 지나서, 최신 제품이 아니라는 이유들로 구식이 되고 폐기 처분된다. 유행을 선도하는 최신 제품과 나를 동일시하는 소비주의가 기업의 마케팅과 결합하면서 사람들은 끊임없이 새로운 물건을 원하게 되고 소비하게 된다.

넘쳐나는 마케팅과 광고의 홍수에 사람들의 진짜 욕구는 무시되거나 잊혀지고 있다. 내가 원하는 물건이 아니라 기업이 판매하길 원하는 물건만 사게 되고, 기업이 만들어내는 새로운 필요와 유행에 끌려다닌다. 소비자에게는 정말 원하는 물건을 소비할 자유는 없고 대신 소비당할 자유만 남았다.

TV는 비교를 싣고

소비주의는 비교라는 감정과 결합하면 그 영향력이 극대화된다. 특히 TV의 보급은 사람들의 비교 대상이 수직으로 확장되는 결과를 낳았고 그 결과 스스로를 이웃이 아닌 백만장자나 유명인사와 비교하게 되었다. TV를 많이 볼수록 다른 사람들이 실제보다 훨씬 부자라고 생각하게 되고, 자신이 가난하고 초라하다고 느낀다. 미국 드라마를 보며 '마놀라 블라닉(유명 신발 브랜드)'이 뭔지 알게 되고, 외국의 유명 배우가 무슨 웨딩드레스를 입었는지, 무슨 가방을 들었는지까지로 비교 대상이 확대된다. 그 결과 소비도 더 많이 한다. 줄리엣 쇼어의 『과소비 하는 미국인(The Overspent American)』이라는 책에 따르면 TV를 1주일에 5시간 더 보는 사람이 연간 1000달러(약 120만 원)를 더 쓴다고 한다.

비교는 사람을 불행하게 만든다. 남들과 비교할수록 채워질 수 없는 욕망에 끌려다닐 수밖에 없다. 더군다나 더 많이 소비하려면 더 많이 벌어야 하기에 시간과 건강을 희생해야 하고, 그나마 있는 여가 시간은 피곤하다는 핑계로 TV 보기로 때운다. 자신이 '일하고→TV 보고→소비하고→더 일하는' 삶을 살고 있지는 않은지 생각해봐야 한다.

많이 살수록 더 불행해진다

사람들은 끊임없이 소비하면서도 불행하다고 느낀다. 미국 소매협회 회장은 "우리의 목표는 소비자들이 끊임없이 자신이 가진 것에 대해 불만을 갖도록 하는 것입니다."라는 말을 했다고 한다. 이 말은 기업의 판매 활동뿐만 아니라 소비의 특징을 매우 잘 규정한 말이다.

가진 것에 불만이 없다면 새로운 것을 사지 않는다. 결국 더 많이 가진 사람, 더 많이 소비하는 사람일수록 역설적으로 불만이 많은 사람이라는 의미가 된다. 더 많이 소비하는 것이 나 자신과 나의 소유물에 불만족한 상태, 불행한 상태와 동의어라는 사실은 우리가 반드시 기억해야 할 대목이다.

하지만 내가 누구인지를 다른 사람들에게 드러내는 것은 인간의 본능이기에, 소비주의에서 자유로운 사람은 아무도 없다. 문제는 지금 우리를 둘러싸고 있는 환경이 소비주의만을 자극하고 극대화하는 쪽으로 발달되어 있다는 점이다. 교묘한 마케팅, 우리 삶의 배경음악이 되어버린 광고, 언제 어디서든지 소비가 가능한 홈쇼핑, 인터넷 쇼핑, 통신판매 등 눈만 뜨면 24시간 소비의 유혹이 우리의 주변을 맴돌고 있다. 이제는 소비주의에 무비판적으로 몸을 내맡길 것이 아니라 내가 가장 행복한 방법으로, 나의 만족도를 극대화할 수 있는 방법으로 돈을 쓰기 위한 의식적인 노력이 필요하다. 그렇지 않으면 내 삶이 마케팅과 광고의 먹잇감으로만 존재하게 될지도 모른다.

절약하려고 애쓰지 마라

누군가와 늘 관계를 맺고 살아가는 인간은 내가 누구인지, 나는 어떤 사람인지를 끊임없이 타인에게 보여줄 수밖에 없다. 뿐만 아니라 이왕에 보여줄 거라면 가능한 한 더 매력적으로, 더 좋은 사람으로, 더 호감 가는 사람으로 보이기를 바란다. 이 과정에서 필연적으로 내가 소유한 물건을 통해 나를 보여주고자 하는 소비주의가 나타난다.

명품가방을 사는 것이 허영심에 불과하며, 그 가격에 비해 실제 효용은 떨어지는 비합리적 소비행위라고 규정지을 수는 있다. 그러나 명품가방을 통해 나를 드러내고자 하는 욕망을 극복할 수 있는 사람은 많지 않다. 그렇기에 명품가방을 사는 사람을 자제력이 없는 사람으로, 속물로, 과소비하는 사람으로 매도해서는 안 된다. 사람들의 일상은 욕망을 표출하고 그것을 실현하는 행위의 연속이지, 금욕으로 점철된 종교생활이 아니기 때문이다.

인간은 합리적이고 이성적인 판단을 통해 나에게 이익이 되는 것만 소비하는 '이콘(econ, 호모이코노미쿠스의 줄임 말)'이 아니다. 소비주의 자체를 부정하는 것은 금욕주의나 종교적 교리에서나 가능할 일이라고 봐야 한다. 돈을 절약하기 위해 소비를 통해 나를 드러내고자 하는 본능을 참고 오직 자제하라는 것은 이론적으로만 가능한 이야기일 뿐, 사실은 너무도 비현실적인 충고다.

먼저 내가, 배우자가, 우리 가족이 욕망을 가지고 있다는 것을 인정해야 한다. 우리의 목표는 소비주의 전체를 부정하고 극복하는 것이 아니라 소비주의로 인해 주체적인 소비를 하지 못하는 것, 그 결과 돈을 쓰고도 불행하게 사는 것을 막는 것이다. 욕망을 인정하되 마케팅이나 광고가 주입한 가짜 욕망이 아닌, 진짜 내 욕망이 무엇인지 찾는 것이 중요하다. 진짜 내 욕망을 찾았다면 이제 거기에 돈을 쓰면 된다. 주체적인 돈 쓰기란 바로 이런 것이다.

자제력은 쓸수록 없어진다

욕망은 쓰면 쓸수록 더 커진다. 100만 원 쓰면 150만 원 쓰고 싶고 150만 원 쓰면 200만 원 쓰고 싶다. 반대로 자제심은 쓸수록 줄어든다. 사람들이 가계부를 쓰지 않는 이유 중의 하나가 가계부를 쓸수록 계속

해서 소비를 자제해야 한다는 스트레스를 받기 때문이다.

돈을 아꼈을 때, 소비의 유혹을 참았을 때는 기쁘고 그런 내가 대견하다. 반대로 돈을 허투루 썼다는 생각이 들면 자괴감이 들고 불편하다. 하지만 안타깝게도 소비의 유혹이 워낙 강력하기 때문에 가계부를 쓰다 보면 대견하기보다는 불편한 감정이 더 많이 생길 수밖에 없다. 그러다보니 가계부를 쓰면 쓸수록 '나는 소비 유혹에 잘 넘어가는 사람, 절제하지 못하는 사람'이라는 생각이 반복적으로 들고, 점점 더 가계부 쓰는 것이 싫어지게 된다. 그러다 '의지 박약한 나를 가계부를 통해 자꾸 확인할 바에야 차라리 가계부를 덮고 속 편히 살자!'라는 결론에 이르게 된다.

용케 소비 유혹을 참고 견디었다고 해도 그 감정은 일시적일 뿐 오래 갈 수 없다. 소비 욕망은 풍선 속 공기와 같아서 이쪽에서 누르면 저쪽으로 튀어나오기 마련이다. 더는 참을 수 없는 순간이 오면 욕망은 폭발하고 그만 자제력을 잃고 만다. 소비는 이렇게 다이어트와 똑같은 면이 있다. 식욕을 자제하다가 어느 순간 참지 못하고 폭식을 해버려 오히려 몸무게가 불어나는 요요 현상이 있는 것처럼, 소비도 절약하겠다는 결심을 포기하고 소비가 다시 늘어나는 요요 현상이 온다. 그 결과 '역시 나는 자제력이 없다.'라는 자괴감에 빠지게 되고 소비를 줄여보겠다는 노력 자체를 포기하게 된다.

이러한 현상은 자제력이 약한 일부에게만 나타나는 것이 아니라, 대다수 사람들에게 발생하는 자연스런 현상이자 반응이라는 것이 과학적으로도 증명되었다. 뭔가를 하고 싶다는 마음을 누르고 자제해야 한다는 심리적 압박은 사람들에게 충동적 행동을 부추기는 역할을 하는 코르티솔이라는 물질을 분비시킨다. 참고 자제하면 할수록 자제력이 강화되는 것이 아니라 오히려 충동적으로 행동하려는 욕구가 강해지는 반대의 결과를 가져오는 것이다.

이처럼 미래를 위해 현재의 소비를 참는 것은 극소수의 사람들을 제외하면 어렵고 힘든 일이다. 더군다나 자제하면 할수록 오히려 충동적으로 행동할 가능성이 더 높아지기 때문에 무작정 참는 것보다는 당장의 소비욕구를 지금 적절하게 실현하는 것이 소비에 대한 건강한 통제력을 행사하는 데 더 도움이 된다.

물론 모든 욕구를 실현할 수는 없다. 쓸 수 있는 자원, 즉 돈이 부족하기 때문이다. 무조건 아끼고 절약하는 것도, 그렇다고 나중 생각은 하지 않고 다 써버리는 것도 모두 옳지 못하다. 물 샐 틈 없는 돈 관리란 '나와 내 가족의 욕구에 우선순위를 정하고, 우선 순위에 맞게 가장 효과적인 비율로 돈을 배분하여 욕구를 실현하는 것'이다. 지금부터 우리 가족이 가장 행복할 수 있는 소비의 황금비율이 무엇인지 찾는 과정을 알아보자.

심리계좌 가계부

내가 어떤 사람인지 말할 수 있는 기준은 기호나 취미, 인생관이나 정치관 등 무수하게 다양하다. 그중 '돈 쓰기'는 "마음 가는 곳에 돈 간다."는 옛말처럼 나 또는 우리 가족이 어떤 사람인지를 직접적으로 말해주는 수단이 된다.

사람들은 그냥 돈을 쓰는 것이 아니라 그 돈을 어디에 쓸 것인가 하는 '용도'에 따라 쓴다. 이것은 심리계좌가 돈을 관리하는 방식이다. 우리가 가계부를 쓸 때 항목을 분류해서 쓰는 것도 이런 심리계좌의 특성과 일치한다.

심리계좌는 한 달에 300만 원 이런 식이 아니라 식비는 얼마, 의류비는 얼마, 교통비는 얼마 하는 식으로 항목별로 나누어 생각해 쓰려고 한다. 항목별로 어디에 얼마를 쓰고 있는지 파악하는 것은 우리가족이 어떤 욕구와 필요를 가장 중요하게 생각하는지를 알려준다.

하지만 기존에 흔히 볼 수 있는 가계부의 항목을 가지고 욕구를 파악하는 것은 한계가 있다. 식비, 생활용품, 교육비, 교통비, 의류비, 전기세, 보험료 같은 개별 항목들이 용도별로 너무 세분화되어 있기 때문이다. 지출 항목이 50개 이상이 되니 기억하기도 어렵고 어떻게 분석해야 할지도 모른다. 이런 혼란을 막기 위해서는 돈을 쓰는 큰 목적별로 이름표를 붙이면 된다. 심리계좌에 새로운 이름표를 붙여주는 방법인데, 뒤에 나오는 표5를 보면 이해가 쉬울 것이다. 이렇게 지출 목적별로 이름표를 붙여서 파악해보면 심리계좌의 숫자들이 '당신은 이런 사람'이라고 말해줄 것이다.

심리계좌 이름표

① 가족 공동생활(고정지출)

한 가족이 함께 생활할 때는 공동으로 쓰는 비용들이 존재한다. 대표적인 것이 주거비와 세금, 통신비 등이고 보장성 보험료도 공동생활비에 포함할 수 있다. 이 항목들은 대부분 고정지출로 이루어져 있으며 한번 정해지면 줄이기 어렵다. 그렇기 때문에 가장 먼저 확보해야 할 금액이기도 하다.

② 먹고사는 기본생활

먹고살기 위한 기본적인 비용으로 식비, 외식비, 생활용품비, 의료비 등이 이에 해당한다.

외식은 배달음식을 포함해서 산정해야 하고, 생활용품은 욕실에서 쓰는 세탁, 목욕, 위생용품과 주방에서 쓰는 세제, 그릇, 비닐팩 등을 포함한다. 컴퓨터 소모품은 프린터 카트리지, 종이, 수리비 같은 컴퓨터 유지비다. 그 외 일반적으로 마트나 시장에서 장을 보는 것은 거의 이 항목에 넣으면 된다.

③ 자녀 양육

아이를 키우면서 들어가는 비용이다. 자녀의 나이에 따라 지출 항목은 다르지만 자녀들을 위해 쓰는 돈이라는 점에서 동일하다. 요즘은 아이

표5. 심리계좌별 가계부 항목 예시

심리계좌 이름표	세부 항목
가족 공동생활 (고정지출)	월세/ 관리비/ 수도요금/ 가스요금/ 전기요금/ 각종 대여비/ 인터넷/ 케이블/ 유선전화/ 핸드폰 요금/ 기부 및 후원/ 십일조/ 보장성 보험료/ 국민연금/ 국민건강보험/ 주민세/ 재산세/ 토지세/ 종합 부동산세
먹고사는 기본생활	식비/ 외식, 배달 음식/ 김장/ 병원비 및 보약/ 드라이 및 세탁/ 생활용품(욕실 및 주방용품)/ 컴퓨터, 소모품/ 목욕
자녀 양육	분유, 이유식/ 기저귀/ 육아용품/ 육아도우미/ 장난감/ 유치원, 어린이집/ 학원/ 현장학습/ 방과 후 교실/ 과외, 학습지/ 급식비, 우유값/ 자녀 교통비/ 등록금/ 참고서, 아동도서/ 수학여행, 수련회/ 자녀 용돈/ 스승의 날/ 클리닉 비용
사람 노릇	설날, 추석/ 부모님 생신/ 부모님 용돈/ 어버이날, 어린이날/ 친척, 지인 경조사/ 제사/ 각종 모임 회비/ 부모님 저축
풍요로운 삶	여름 휴가/ 여행, 체험/ 나들이/ 영화, 공연/ 책/ 강좌 수강/ 취미 활동
멋스런 생활	의류, 속옷/ 신발/ 미용/ 화장품/ 안경, 렌즈/ 네일아트/ 클리닉/ 성형, 시술/ 마사지
차량 유지	주유비/ 차량정비, 수리/ 타이어, 엔진오일/ 주차비, 톨게이트/ 과태료, 범칙금/ 자동차보험/ 자동차세/ 대리운전비
부부 용돈	점심 값, 커피 값, 간식, 술 값 등 교제비/ 대중교통비
예상 외 지출	예산 항목 외 지출
부채상환	원금상환/ 이자/ 차 할부금/ 기타 할부금
저축	적금/ 저축성 보험/ 연금/ 펀드/ 청약

들을 위한 지출 항목이 매우 다양해져 성장 촉진이나 비만 클리닉 같은 항목도 생길 수 있다. 자녀 양육비는 월별이 아닌 분기별, 학기별로 지출이 되는 경우도 있어서 목돈이 한꺼번에 필요한 때가 많다.

④ 사람 노릇

사람 노릇 항목은 가족과 지인들과의 관계를 유지하기 위한 것으로 의외로 지출에서 큰 부분을 차지한다. 대표적인 것으로 명절, 경조사, 가족 생일, 부모님 용돈 같은 것들이다. 이외에도 지인이나 가족들의 모임 회비, 어버이날, 어린이날, 부모님 위한 저축 등도 포함될 수 있다. 사람 노릇을 위한 지출은 고정되어 있지 않은 경우가 많고, 지출 금액 때문에 부부간 다툼의 원인이 되기도 한다.

⑤ 풍요로운 삶

풍요로운 삶에 대한 기준은 사람마다 다르기 때문에 명확하게 어떤 지출이라 규정짓기는 어렵지만 일반적으로 문화생활이나 여행, 취미 활동 같은 것들을 이 항목에 넣을 수 있다. 여름 휴가, 가족 나들이, 공연 관람, 도서 구입, 자기계발 같은 항목들이 여기에 포함된다. 취미를 위한 장비 구매, 동호회 활동비 같은 것도 여기에 넣을 수 있다. 만약 '맛집'을 찾아 다니는 식도락가라면 외식비가 풍요로운 삶 항목으로 옮겨올 수도 있다.

⑥ 멋스런 생활

옷, 신발, 액세서리, 가방, 화장품, 미용 등에 들어가는 돈으로 치장을 위한 지출을 의미하고 미혼 여성들이 상대적으로 많이 쓰는 항목이다. 전체 가족들의 비용을 묶어서 산정할 수도 있지만 정확하게 따지고 싶다면, 소비 주체별로, 즉 남편 옷, 부인 옷, 자녀 옷으로 따로따로 산정해 볼 수도 있다.

⑦ 차량 유지

차 한 대를 유지하기 위해 들어가는 비용은 적지 않다. 차를 운전하지 않고 그냥 세워만 놓아도 세금과 보험료로 한 달에 최소 20만 원은 들어간다. 조금 오래 된 차를 가지고 있다면 수리비만 해도 1년에 100만 원 이상 나오기 마련이다. 차 한 대를 굴리는 것에 얼마나 비용이 들어가는지를 알면 차를 살 때 좀 더 신중할 수 있다.

⑧ 남편 또는 아내 용돈

용돈에는 점심값, 교통비, 커피값, 술값 같은 교제비 등이 모두 포함된다. 더 정확하게 각자 쓰는 돈을 알고 싶으면 통신비나 의류비도 남편과 부인으로 나눠서 파악해볼 수도 있다.

많은 아내들이 자기는 용돈이 없다고 생각하지만 사실 아내가 쓰는 돈은 지출의 전 항목에 걸쳐 퍼져 있다. 남편과 아내가 각자 쓰는 돈을 정확하게 따져서 계산해보면 의외로 아내의 용돈이 남편 것보다 많은 경우도 적지 않다.

⑨ 예상 외 지출

살다 보면 늘 예상치 못했던 지출이 발생한다. 갑자기 이가 아파서 치과 치료비가 왕창 나오기도 하고, 형제자매가 결혼을 해서 냉장고라도 사줘야 하는 상황이 생긴다. 부모님 칠순에 여행을 보내드리거나 큰 맘 먹고 가족들이 해외여행을 떠날 수도 있다. 결혼할 때 샀던 TV가 수명을 다하면 어쩔 수 없이 새것으로 교체해야 하기도 한다. 이렇게 예상하지 못한 지출들은 매년 발생하고, 평소 지출액이 클수록 함께 커진다. 일반적으로 1년 간 예상 외 지출은 한 달 평균 생활비 정도로 예상하면 된다.

⑩ 부채

부채가 있다면 월 이자로 얼마를 내고 있는지, 원금상환은 얼마인지 구분해서 봐야 한다. 원금은 못 갚고 이자만 계속 내는 경우가 많기 때문이다. 월별이 아니라 분기별이나 1년에 한 번 이자를 내는 것들도 빠지지 않고 파악해야 한다. 지금 내고 있는 할부금이 있다면 이 또한 부채로 잡아야 한다.

⑪ 저축

적금 이외 펀드나 주택청약 관련 저축도 빠트리면 안 된다. 특히 연금이나 저축성 보험도 저축이기 때문에 이것도 저축에 포함해서 계산한다.

내가 누구인지 말해주는 숫자들

앞에서 살펴본 표5에 나와 있는 심리계좌별 항목들이 차지하는 비율을 계산해보면 내 마음 가는 곳이 어디인지 알 수 있다. 지출에서 사교육비가 차지하는 비중이 가장 높다면 나는 무엇보다도 아이들이 공부를 잘하는 것이 우리 집에서 가장 중요하다고 생각하는 사람이다. 또 다음 쪽에 있는 표6의 예시와 같이 부모님이나 경조사에 들어가는 돈이 가장 큰 비중을 차지 한다면 사람 노릇하며 사는 것이 의미 있다고 생각하는 사람인 것이다.

남편이 가족에게 지출하는 비용이 커 부인의 불만이 큰 가정이 있었다. 그러나 남편에게 가족을 위해 쓰는 돈은 사람 노릇하며 살기 위한 돈이라는 의미도 된다.

남편에게는 이 가치가 무엇보다 소중할 수 있다. 적금보다 부모님께 드리는 용돈이 더 중요할 수 있는 것이다. 무조건 쓰지 말아야 한다는 프레임에서 볼 것이 아니라 남편이 중요하게 생각하는 가치가 무엇인지 생각해보고 그를 존중해주어야 한다.

그리고 공동 지출을 조금 더 세분화해서 누가 쓰는지까지 파악해보면 평소 생각과는 다른 결과가 나타나기도 한다. 표7(144쪽)은 지출 주체별로 지출 현황을 파악한 것이다.

원래 남편 용돈 15만 원, 아내 용돈 10만 원으로 명목상으로는 아내의 용돈이 더 적지만 지출을 쓰는 사람 기준으로 나눠보면 오히려 남편 월 44만 5000원 아내 49만 원으로 아내의 지출이 더 크다는 것을 알 수 있다.

표6. 심리계좌 가계부 예시

*월평균 지출	3,800,000	*예상 외 지출(연)	3,000,000

• 고정지출: 17%

고정 생활비		
지출항목	월 지출 예산	연 지출 예산
수도	10,000	
가스	15,000	
난방		900,000
전기	40,000	
인터넷/ 유선	20,000	
휴대폰	150,000	
보장성 보험	340,000	
월평균		650,000
연간 합계		7,800,000

• 사람 노릇: 20%

가족/ 지인		
지출항목	월 지출 예산	연 지출 예산
설		1,000,000
추석		500,000
부모님 생신		400,000
부모님 용돈	400,000	
어버이날		400,000
친척/ 지인		1,500,000
모임 회비	40,000	
월평균		756,667
연간 합계		9,080,000

• 먹고사는 기본생활: 19%

식비/ 생활용품		
지출항목	월 지출 예산	연 지출 예산
식비	500,000	
외식	100,000	
병원비	50,000	
드라이	10,000	50,000
생활용품	50,000	
목욕	10,000	
김장		200,000
월평균		740,833
연간 합계		8,890,000

• 차량 유지: 9%

차량 유지비		
지출항목	월 지출 예산	연 지출 예산
주유비	200,000	
주차/ 톨비		50,000
보험		600,000
정기 주차	50,000	
차 용품		50,000
차 수리비		500,000
월평균		350,000
연간 합계		4,200,000

- 월평균 지출: 표에 기입한 지출의 월평균 합계
- 예상 외 지출: 정해진 지출이 아니라 예상 외로 발생하는 지출. 일반적으로 한 달 치 생활비 정도로 산정

※저축/ 부채	1,000,000

※월 필요 금액	5,050,000

• 자녀 양육: 16%

자녀를 위한 지출		
지출항목	월 지출 예산	연 지출 예산
학원비	100,000	
유치원	450,000	200,000
책/ 장난감		100,000
현장학습		150,000
특별활동		250,000
어린이날		100,000
월평균		616,667
연간 합계		7,400,000

• 풍요로운 삶: 4%

여행/ 체험/ 문화/ 교육		
지출항목	월 지출 예산	연 지출 예산
휴가		450,000
나들이		400,000
영화/ 공연		100,000
책		200,000
강좌		200,000
여행/ 체험		500,000
월평균		154,167
연간 합계		1,850,000

• 멋스런 생활: 5%

의류/ 미용 등		
지출항목	월 지출 예산	연 지출 예산
의류/ 속옷	10,000	1,200,000
신발 등	15,000	400,000
미용		200,000
화장품	40,000	300,000
안경/ 렌즈	20,000	200,000
	150,000	
	340,000	
월평균		191,667
연간 합계		2,300,000

• 남편 용돈: 7%

지출항목	월 지출 예산	연 지출 예산
정기 용돈	200,000	
교통	60,000	
월평균		260,000
연간 합계		3,120,000

• 아내 용돈: 2%

지출항목	월 지출 예산	연 지출 예산
정기 용돈	50,000	
교통	30,000	
월평균		80,000
연간 합계		960,000

- 저축/ 부채: 매월 저축이나 부채상환을 위해 쓰는 돈
- 월 필요금액: 월평균 지출+예상 외 지출÷12+저축 및 부채

표7. 주체별 지출 현황 예시

남편 지출			아내 지출		
지출항목	월간 비용	연간 비용	지출항목	월간 비용	연간 비용
휴대폰	55,000		휴대폰	45,000	
용돈	150,000		용돈	100,000	
대중교통비	60,000		대중교통비	30,000	
의류/ 속옷		300,000	의류/ 속옷		1,000,000
신발 및 가방		100,000	신발 및 가방		300,000
잡화(안경/ 렌즈)		100,000	잡화(안경/ 렌즈)		100,000
머리 손질/ 염색		200,000	머리 손질/ 관리		300,000
운동/ 레저 활동	50,000		운동/ 레저 활동	50,000	
취미 활동		300,000	교제/ 친목 모임	30,000	
교제/ 친목모임	30,000		화장품/ 미용 용품		300,000
화장품		100,000	어학/ 교양 강좌	50,000	
어학/ 교양 강좌			책/ 저널		100,000
책/ 저널		100,000	네일/ 속눈썹 등	10,000	
월평균		445,000	월평균		490,000
연간 합계		5,340,000	연간 합계		5,880,000

- 휴대폰, 의류, 취미 활동 등을 소비 주체별로 분류

행복하기 위해 쓰는 돈은 몇 퍼센트일까?

안타깝게도 대부분의 가정에서 풍요로운 삶을 위한 지출 비중은 크지 않다. 「매일경제」가 2008년 10월~2009년 6월, 2010년 10월~2011년 6월까지 신한카드 회원들의 소비처를 분석한 결과는 이를 잘 말해준다. 이 기간 중 신용카드 지출액은 15조 4000억 원이 증가했다. 증가분 중 14.7퍼센트가 육아, 자녀교육 비용이었고, 11.9퍼센트는 식료품에 쓰였다. 주유비와 요식비는 각각 8.5퍼센트를 차지했고, 통신요금은 7.4퍼센트, 의료비 지출은 5.7퍼센트에 달했다. 이에 반해 레저는 2.2퍼센트, 여

행은 1.9퍼센트를 차지하는 데 그쳤고, 문화·취미는 0.7퍼센트, 스포츠는 0.3퍼센트로 소수점 밑으로 떨어졌다.

　이것은 늘어난 지출이 나를 위한 지출이나 여가생활을 위한 지출로 이어지지 않았다는 뜻이다. 결국 엥겔계수로 따져보자면 한국은 후진국이나 다름없다. 전체 지출에서 식료품비 비중이 높고 문화, 취미, 레저 같은 문화비의 비중은 매우 적기 때문이다. 여행이나 문화생활은 여전히 대부분의 가정에서 '사치품'이다. 아마 이 책을 보고 있는 독자들이 본인의 지출을 분석해봐도 결과는 그다지 다르지 않을 것이다.

　그러나 풍요로운 삶을 위한 돈도 반드시 써야 한다. 그것도 미래로 미뤄 놓을 것이 아니라 지금 당장 써야 한다. 스키가 취미라면 저축을 포기하고 스키장을 선택할 수도 있는데, 그것을 충동적 소비라고 매도하면 안 된다. 무조건 아끼는 것만이 올바른 가치라고 할 수 없다는 뜻이다. 돈 쓰기의 가치는 저마다 다 다르다. 스키를 타는 취미활동이 나의 행복을 증진시키고 내 삶을 풍요롭게 하는 일이라면 마땅히 써야 한다. 지금 당장 내가 누리고 싶은 행복도 미래의 행복만큼 중요하다. 행복은 적금처럼 은행에 맡겨 놓았다가 나중에 한꺼번에 찾아 쓸 수 있는 그런 것은 아니기 때문이다.

　부이이 남편의 취미 활동 지출에 불만이 많은 가정이 있었다. 알뜰한 그녀는 그 지출 내역을 꼼꼼히 기록해서 남편에게 보여주며 이렇게 돈이 많이 든다는 사실을 은연중에 강조했다. 취미 활동을 그냥 남편의 지출이라고 본다면 줄이고 싶다는 부인의 생각은 당연하다. 그러나 남편의 취미 활동을 풍요로운 삶을 위한 항목에 집어 넣고 보니 부인의 생각이 달라졌다. 이 돈은 무조건 줄여야 하는 것이 아니라 바로 지금 조금 더 행복하기 위해 써야 되는 돈이 된 것이다. 같은 지출이라도 어떤 범주에 넣느냐에 따라 판단은 이렇게 달라질 수 있다.

정해 놓고 쓰면 고민이 없다

그런데 문제는 쓰고 싶은 곳은 많은데 수입은 정해져 있다는 점이다. 결국 '어디에 얼마의 돈을 배분해야 우리 집이 가장 만족할 수 있을까?'라는 고민이 돈 관리의 핵심이 된다. 이를 위해 앞서 지출 목적별로 심리계좌를 만들었다면 각 항목에 수입의 몇 퍼센트를 할당할 것인가를 결정해보자. 즉 '사람 노릇'이라는 심리계좌에는 몇 퍼센트, '차량 유지'라는 심리계좌에는 몇 퍼센트, '자녀 양육'이라는 심리계좌에는 몇 퍼센트를 쓸 것인지를 배분하는 것이다. '어떤 지출은 나쁘고, 어떤 지출은 좋다.'라는 일반적 가치 기준이 아니라 내게 중요하고, 내가 하고 싶다고 생각되는 것에 더 많이 배분해보자. 물론 금액이 늘어난 항목이 있다면 당연히 그만큼 다른 지출을 줄여야 한다. 사람 노릇 지출이 너무 많다면 조금 줄이고 나를 위한 지출을 새롭게 만들어볼 수도 있다. 문화생활이 내 삶을 행복하게 해준다면 과감히 늘릴 수도 있을 것이다. 차에 들어가는 비용이 생각보다 크다면 그걸 포기하고 더 가치 있다고 생각되는 지출을 늘일 수도 있다.

이런 식으로 어디에 얼마를 쓸지가 정해지면 돈 쓰기가 훨씬 쉬워지고 마음이 편해진다. 마음에 드는 원피스를 발견했는데 살까 말까 망설이거나, 장난감을 사 달라는 아이의 요구를 들어줘도 되는지 갈등이 생기거나, 보고 싶은 뮤지컬 공연을 가도 되는 건지 헷갈리는 등 우리 일상에서 계속 마음을 어지럽게 하는 돈 쓰기에 대한 판단이 빨라질 것이다. 항목과 금액이 정해져 있으니 굳이 고민할 필요 없이 정해 놓은 대로 쓰면 된다. 멋스런 생활, 자녀 양육, 풍요로운 삶이라는 심리계좌에 자신이 할당한 금액만큼 쓰면 되는 것이다.

각 심리계좌에 금액을 할당할 때 부부간에 서로 의논하고 합의해서 진행하면, 부부간 발생하는 돈에 대한 갈등을 없애는 데도 많은 도움이 된다. 서로 합의된 한도 내에서 지출을 하기로 했기 때문에 "이거 싸게 산 거야."라며 굳이 변명을 늘어 놓을 일도 없다. 부부간 무엇에 얼마만큼 쓸 것인가를 합의하는 것은 삶의 우선순위를 정하고 인생에 대해 소통하는 것이기 때문에 평소에는 하지 못하던 깊은 이야기를 나눌 수 있는 계기가 되기도 한다. 또한 자녀와 함께해도 좋다. 이런 논의는 경제학습 효과뿐만 아니라 삶에서 겪게 될 선택과 포기를 훈련하는 과정이기 때문이다.

심리계좌 가계부 쓰는 방법
정해 놓고 돈을 쓰면 가계부는 돈을 얼마나 절약했나 검사하기 위한 수단이 아니라 심리계좌별로 배분된 비율을 잘 지키고 있는지 확인하기 위한 수단이 된다. 우리 가족이 생각했던 기준이 맞는 것인지를 확인하는 재미가 있기 때문에 가계부 쓰기가 즐거워진다. 가계부를 쓰면서 내가 어떤 사람인지 확인하는 정도이기 때문에 쓰면서 자괴감이 들지 않는다. 절약하는 것이 아니라 어떻게 하면 돈을 더 행복하게 쓸지를 고민하게 되니 돈을 쓰면서 스트레스를 받지도 않는다. 아래 단계별로 가계부를 써나가 보자. 지출 현황과 예산을 편하게 계산할 수 있는 엑셀 파일은 심리계좌 카페(http://cafe.naver.com/mentalaccount)와 블로그(http://blog.naver.com/iamljy)에서 다운받을 수 있다.

①단계: 지출 현황 파악하기

심리계좌에 맞춰 현재 지출 현황을 파악한다. 지출은 월별 지출과 연 단위 또는 분기별로 나가는 지출이 혼재한다. 월별로 고정적으로 나가는 지출은 월별 지출 칸에 기록하고 그렇지 않은 지출은 연간 비용을 모두 합해 연간 비용 칸에 기입한다. 예를 들어 자녀 학원비가 매달 10만 원이면 월 지출에 기입하면 되고 방과후 교실이 분기별로 20만 원이면 연간 비용에 총 80만 원(20만 원×4분기)을 기입하면 된다. 둘 다라면 월 지출에 10만 원, 연간 비용에 80만 원 이렇게 적으면 된다.

②단계: 예산 정하기

각 심리계좌별로 얼마를 할당할 것인지 비율을 정한다. 기혼 가정이라면 부부가 함께 정하는 것이 무엇보다 중요하다. 지출 목적별 심리계좌와 더불어 예상 외 지출도 꼭 지출 예산에 포함시켜야 한다.

③단계: 가계부 쓰기 및 결산

기존 가계부는 식비, 교통비, 교육비 등의 항목에 따라 지출 금액을 썼다면 심리계좌별 가계부는 각각 심리계좌별로 지출을 구분해서 쓰면 된다. 예를 들어 먹고사는 지출에 예산이 50만 원 할당되었다면 한 달 동안 식비, 생활용품, 의료비 같은 먹고사는 항목에 해당되는 지출을 쭉 쓰면 된다. 그리고 월말에 이것을 모두 합해 50만 원 한도 내에서 제대로 썼는지 확인한다.

④단계: 예산 수정 및 확정

가계부를 처음 써보는 경우 처음에 생각했던 것과 실제 지출에 많은 차이가 있을 것이다. 특히 매월 나가는 지출도 있지만 불규칙하게 나가는 지출도 많기 때문에 한두 달 통계만 가지고는 정확한 지출 현황을 알 수 없다. 적어도 6개월은 써봐야 우리 집 지출의 정확한 현황 파악이 가능하다. 이렇게 6개월 정도의 통계가 쌓이면 심리계좌별 지출 할당이 좀 더 구체적으로 가능해진다.

다시 한 번 강조하지만 가계부는 절약을 위해서가 아니라 돈을 더 잘 쓰고, 자기를 발견하기 위한 도구다. 가계부를 쓰면서 고민해야 할 지점은 '어떻게 돈을 덜 쓸까?'가 아니라 '어디에 돈을 쓰면 가장 행복할까?'다. 이제 가계부에 쓰인 숫자가 바로 그 고민에 답해줄 것이다.

돈 잘 쓰기 위한 습관

지금까지 살펴본 것처럼 소비는 인간의 본능을 자극하는 문제이기 때문에 그 유혹을 이기는 것이 쉬운 일이 아니다. 항상 참고 자제하는 것 또한 오히려 충동적이 될 수 있다는 점에서 그다지 좋은 방법은 아니다. 다음 두 가지 소비 습관은 가능한 한 필요한 것에만 돈을 쓰는 훈련을 하는 데 도움이 될 것이다.

① 매일 장을 봐라

매일매일 장을 보는 것과 일주일에 한 번 장을 보는 것, 둘 중에 어느 것이 돈을 더 많이 쓸까? 단순하게 생각하면 매일매일 장을 보는 것이라고 생각하기 쉽다. 그러나 실제로는 오히려 몰아서 하는 장보기가 돈을 더 많이 쓰게 된다. 일주일에 한 번 몰아서 하다 보니 지금 필요한 것뿐만 아니라 필요할지도 모르는 것까지 구매를 하게 되기 때문이다.

지금 안 사면 일주일을 기다려야 한다 생각하니 당장 필요한 것이 아니라도 쉽게 손이 가기 마련이다. 특히 대형 마트처럼 없는 것 없이 다 갖춰진 곳에서는 꼭 필요한 것만 사겠다는 의지는 쉽게 무너진다. 견물생심이라는 말처럼 눈에 보이면 사고 싶은 것이 사람의 자연스런 심리다. 필요한 것을 적어가는 노력도 마트 안에서 카트를 끌다 보면 늘상 수포로 돌아가게 되어 있다.

카트 가득 물건을 산 후, 집에까지 실어 날라야 하니 당연히 차가 필요하다. 마트에서 싸게 샀다고 좋아하기 전에 기름값이라는 추가 비용을 지불하고 있다는 것을 감안해야 한다. 집에 돌아와 사온 물건을 정리하다 보면 이미 냉장고는 음식들로 가득 차 있어 새로 채워 넣을 공간을 허락하지 않는다. 새로 산 것을 넣으려면 결국 이전에 샀던 것들을 버려야만 한다. 유통기한이 얼마 안 남아 싸게 샀던 '1+1' 행사상품은 결국 다 먹지 못하고 새로운 '1+1'에게 자리를 양보하고 쓰레기통으로 직행한다. 세일이라서 싸다고 산 물건들은 몇 번 안 쓰고 집안 어디 한 구석에 자리만 차지하고 있다.

　주말 쇼핑의 단점은 이것뿐만이 아니다. 일주일 치 먹을 것을 한꺼번에 사다 보니 시간이 지날수록 신선도가 떨어지는 식품을 먹어야 한다. 처음 살 때 비쌌던 생고기는 나중에 먹기 위해 냉동실에 얼려 놓으면 결국 싼 냉동고기가 되어버린다. 채소는 두말 할 것도 없다. 때로는 유통기한이 지난 식품들도 먹어야 한다. 상해서 버리는 것도 부지기수다.

　여기서 끝나는 것이 아니다. 보관을 위한 비용을 또 써야 한다. 냉장고에 음식이 많을수록 더 내야 하는 전기세, 물건이 자리를 차지하고 있으면 필요한 더 넓은 공간이 모두 내가 부담해야 할 비용이다. 보관할 공간이 마땅치 않으면 보관을 위한 물건을 또 사야 한다. 접시를 칸칸이 보관할 수 있는 싱크대용 접시 선반, 신발을 켜켜이 놓을 수 있는 신발 정리대, 냉동실 정리 전용 플라스틱 통, 이불과 옷을 보관하는 압축팩 등. 뭔가를 사면 물건값 말고도, 소비 후 보관을 위해 드는 비용과 정리정돈을 위한 스트레스까지도 감당해야 한다. 주말에 몰아서 쇼핑을 하는 소비 스타일은 당장 쓸 것뿐만 아니라 앞으로 필요할지도 모르는 것까지 사기 때문에 보관비용을 더 크게 만든다.

"맥주나 아이스크림을 많이 사면 싸니까 마트에서 묶음으로 미리 사 놓고는 했어요. 그런데 이런 기호식품들은 먹고 싶어서가 아니라 냉장고에 있고 눈에 띄니까 그냥 먹게 되더라고요. 요구르트는 많이 사 놓으면 유통기한 지나서 버리기도 하구요. 이제 술이나 아이스크림은 집 앞 슈퍼에서 먹고 싶을 때 먹을 만큼만 삽니다."

"1+1 상품들은 싸다는 생각 때문에 그냥 손이 가고, 시식은 공짜 같아도 먹어보고 맛있으면 자꾸 사게 되더라고요. 처음에는 세제랑 커피만 사야지 하고 마트에 갔는데 이것 저것 카트에 넣다 보면 어느새 10만 원은 훌쩍 넘게 사게 돼요."

"주말에 마트에 가서 일주일 치 먹을 것을 사고서도 막상 집에 가서 저녁 해 먹으려니 귀찮다는 생각이 들어 마트 근처 식당에서 외식으로 저녁을 때우는 경우도 많았어요. 그리고 집에 와서 사온 거 넣으려고 하면 이미 냉장고에 먹을 것들이 가득하고 상한 것들도 많아 속상하기도 해요."

이에 반해 필요할 때마다 장을 보는 소비 스타일은 오히려 불필요한 소비를 줄일 수 있다. 굳이 미리 살 필요 없고 지금 당장 필요한 것만 사기 때문이다. 동네 슈퍼가 대형 마트보다 조금 더 비싸다고? 동네 슈퍼를 이용하면 물건이 많지 않으니 견물생심도 생기지 않는다. 산 것이 많지 않기 때문에 굳이 차를 탈 필요가 없어 기름값도 절약한다. 사서 바로 쓰기 때문에 보관비용도 적게 들고 정리정돈하는 스트레스도 받지 않는다. 가장 신선할 때 먹을 수 있고 남거나 유통기한이 지나서 버리지도 않는다. 이 정도면 조금쯤 더 비싸게 사도 소비자에게 그리 큰 손해는 아니다. 또한 소비 욕구를 그때그때 충족시킬 수 있다는 점에서도 더 효과적인 방법이다.

"맞벌이 하다가 둘째 낳고 전업주부가 되었어요. 이제 매일 집에서 밥을 해 먹으니 식비가 더 들어갈 것 같았는데 오히려 줄었어요. 필요할 때 필요한 것들만 동네 슈퍼에서 사다 먹기 때문인 것 같아요. 맞벌이할 때는 마트에서 한꺼번에 일주일 치 장을 봤는데, 낭비가 많았어요"

② 이게 정말 집에 없던가?

두 번째 습관은 지갑을 열기 전 '이 물건을 대신할 수 있는 것들이 집에 있는지 생각해보기'다. 세상에 전혀 새로운 물건은 없다. 지금 있는 물건들을 활용하면 굳이 새로 사지 않아도 되는 경우가 너무나 많다. 때로는 지금 당장 필요하지 않아도 나중에 필요할지 모른다는 생각 때문에 불필요한 물건을 구매하기도 한다.

"아이가 다섯 살인데, 이불을 다 차내고 자요. 아이들이 이불 대신 입고 자는 수면 조끼를 살까 하다가 그냥 남편 티셔츠를 입히니 수면조끼가 따로 필요 없더라고요. 그걸로 대신하기로 했어요."

"반찬 뭐 해 먹나 고민하다 매일 마트를 갔어요. 냉동실에 이미 먹을 것이 많은데 말이죠. 이번 달 목표는 냉동실에 있는 것들 먹어 치우기 입니다. 냉동실 음식들이 없어지는 것이 보이니까 기분도 홀가분해요."

"화장품을 사려고 하다가 화장대를 정리해보니 안 쓰는 샘플들이 너무 많더라고요. 새로 사는 건 포기하고 일단 이 샘플들부터 다 쓰고 나서 사기로 했죠."

이 습관을 기르기 위해서는 내가 무엇을 가지고 있는지를 먼저 알아야 한다. 집안을 둘러보면 우리는 이미 너무 많은 것을 가지고 있다는 것을 깨달을 수 있다. 심지어 샀다는 사실을 까맣게 잊어버린 채 구석에 박혀 있는 물건들도 많다.

돈을 잘 쓰기 위해서 가장 먼저 집안을 정리하고 내가 무엇을 가지고 있는지 확인해야 한다. 그리고 새 옷을 사기 전, 새 접시를 사기 전에 옷장 속과 찬장 속을 한번 머리 속에 떠올려보자. 이 작은 행동 하나가 충동구매 유혹을 이기는 주문이 될 것이다.

소득공제

소득공제 받는 금융상품 진짜 필요할까?
해마다 12월이면 13월의 급여를 챙겨야 한다는 신문기사가 하루가 멀다 하고 눈에 띈다. 연말정산을 잘해서 한 푼이라도 세금을 되돌려받자는 이야기인데, 여기에 빠지지 않는 것이 소득공제가 되는 금융상품들이다. 그런데 금융상품으로 소득공제를 받는 것에 대해서는 꼼꼼히 따져봐야 한다. 금융회사들의 소득공제 마케팅에는 잘 보이지 않는 꼼수가 숨어 있기 때문이다.

연말정산이란 무엇인가?
연말정산의 혜택을 정확하게 알기 위해서는 먼저 연말정산이란 무엇인지 그 개념부터 이해해야 한다. 우리나라는 급여를 받을 때 세금을 미리 낸다. 그러나 최종 세금은 급여에 따라 결정되는 것이 아니라 과세표준에 의해 결정된다.

과세표준은 총 급여에서 비용을 뺀 금액을 말하는데 연말정산에 신고하는 가족부양, 의료비, 교육비 등이 바로 이 비용에 해당한다. 정리하자면 '과세표준=총 급여－비용'이고 세금은 이 과세표준액에 세율을 곱해 산정된다. 예를 들어 총 급여는 3000만 원인데 비용을 2000만 원으로 신고하면 과세표준은 1000만 원이 되고, 세금은 1000만 원을 기준으로 매겨지게 되는 것이다.

연말정산이 끝나면 이미 낸 세금과 최종적으로 정해진 세금 금액을 비교해서 이미 낸 세금이 많으면 그 차액을 돌려받을 수 있다. 연말정산에서 신고한 각종 비용이 크면 클수록 과세표준액은 작아지고 최종 세금은 적어지니 당연히 되돌려받는 환급액은 커진다.

금융상품으로 소득공제를 받을 수 있다는 의미는 특정 금융상품에 낸 돈은 비용 처리가 가능하다는 것이다. 즉 내가 보장성 보험으로 연간 150만 원을 내고 있다면 이 중 보장성 보험의 소득공제 한도인 100만 원까지는 비용 처리가 가능하고 그만큼 과세표준액이 줄어들 수 있다는 의미다.

소득공제 400만 원?

그런데 소득공제 관련 신문기사나 상품광고는 대부분 '연금저축 소득공제 400만 원' 이런 식으로 표기되어 있다. 전후 관계를 잘 모르면 그저 막연히 소득공제로 400만 원을 돌려받을 것 같은 뉘앙스를 풍기는 것이다. 400만 원이나 혜택이라니 일단 챙기고 봐야 하는 것 아닌가 하는 생각이 당연히 들 수밖에 없다.

그런데 앞에서 이야기한 것처럼 소득공제 400만 원이라는 의미는 400만 원을 다시 돌려주겠다는 것이 아니다. 400만 원을 비용으로 처리해주겠다는 것으로 과세표준액을 깎아주겠다는 의미다.

400만 원 소득공제의 실제 혜택은 월 2만 원

직업군인으로 복무중인 A씨는 보험설계사의 권유로 최근에 연금저축보험에 가입했다. 연금저축보험은 노후보장도 되고 소득공제혜택도 받을 수 있는 직장인의 필수품이라는 설명이 그럴듯했기 때문이다. 최대한 소득공제를 받기 위해서 한 달에 30만 원을 내고 있는 A씨는 막상 연말이 되자 실제로 자기가 얼마만큼의 혜택을 받게 되는지 궁금해졌다.

A씨는 보너스까지 합치면 연봉이 약 3000만 원 정도 된다. 가족부양이나 국민연금 등 각종 비용을 소득에서 제외한 과세표준액은 740만 원이다. 여기에다 한 달에 30만 원씩 연 총 360만 원의 연금저축금액을 불입했기 때문에 이것까지 비용으로 산정하면 최종 과세표준은 380만 원으로 결정된다. 그럼 이 과세표준액에 얼마만큼의 세금이 붙는 것일까? 세액은 과세표준에 세율을 곱해서 결정되는데 아래 표처럼 과세표준금액에 따라 세율이 달라진다.

소득세 기본세율(법55)

과세표준	가산법	간편법	
		세율	누진공제액
1200만 원 이하	과세표준액의 6%	6%	-
1200만 원 초과 4600만 원 이하	72만 원+1200만 원 초과분의 15%	15%	108만 원
4600만 원 초과 8800만 원 이하	582만 원+4600만 원 초과분의 24%	24%	522만 원
8800만 원 초과	1590만 원+8800만 원 초과분의 35%	35%	1490만 원

- 어떠한 방법으로 해도 산출세액은 동일하다. 예를 들어, 과세표준이 3600만 원인 경우
  - 가산법: 72만 원+(3600만 원−1200만 원)×15%=432만 원
  - 간편법: 3600만 원×15%−108만 원=432만 원

A씨의 경우 연봉은 3000만 원이지만 과세표준액은 1200만 원 미만이므로 세율은 앞의 표에서 확인했듯이 6퍼센트다. 연금저축보험을 납입하지 않았다면 과세표준은 740만 원이고 세금은 '740만 원×6%=45만 원'이 된다. 연금저축보험을 납입해서 과세표준이 380만 원이라면 세금은 '380만 원×6%=23만 원'이다. 결국 연 360만 원 연금저축보험 가입으로 얻게 되는 세금 이익은 '45만 원-23만 원=22만 원, 월로 따지면 약 2만 원 꼴이다. 연 400만 원의 소득공제라는 화려한 문구에 비하면 대단히 초라하다.

연금저축 해지, 혜택 본 금액 모두 토해내야 가능

소득공제 금융상품을 덥석 선택할 수 없는 이유가 또 있다. 공짜 점심은 없다라는 말처럼 소득공제 혜택은 공짜가 아니다. 연금을 수령할 수 있는 55세까지 유지하지 못하고 중도해지를 하면 혜택 본 금액을 토해내야 한다.

연금저축보험을 가입해서 소득공제를 받다가 결혼 후 직장을 그만두었다고 치자. 소득공제를 받지 못하므로 이 상품은 이제 그다지 의미가 없다. 해지하려고 하니 일차적으로 보험상품에 가입한 것이기 때문에 원금이 아닌 해약환급금만 받을 수 있어 손해를 본다. 거기다 소득공제로 혜택을 받은 것도 다시 토해내야 한다. 연금저축상품은 중도해지 시 최종 수령금액의 22퍼센트를 기타소득세로, 5년 내 해지 시 납입금액의 2.2퍼센트를 해지가산세로 내야 하기 때문이다.

연 400만 원씩 4년 동안 불입한 연금저축보험을 해지한다는 예를 들어보자. 원금이 1600만 원인데 보험이므로 중도해지하면 원금이 아니라 원금의 약 80퍼센트 정도인 해약환급금만 받을 수 있다. 즉 '1600만 원×80%=1280만 원'만 받을 수 있는 것이다. 여기서 끝이 아니다. 최종 수령금액 1280만 원의 22퍼센트인 282만 원을 기타소득세로 내야 한다. 하나 더, 해지가산세가 남았다. 이건 총 납입한 돈 1600만 원의 2.2퍼센트인 36만 원이다. 결국 '1280만 원(해약환급금)−282만 원(기타소득세)−36만 원(해지가산세)'을 하면 최종 수령금액은 962만 원이 된다. 원금 1600만 원에서 962만 원만 받을 수 있는 것이다. 연금저축보험을 중도해지하면 손해가 생각보다 매우 크다.

직장인 재테크의 첫 걸음이 소득공제라고 하면서 연금저축 관련 보험, 펀드, 신탁 등의 상품 가입을 권유하는 사람이나 신문기사들이 넘쳐난다(연금저축은 상품 취급처에 따라 연금저축보험(보험사)·연금저축펀드(자산운용사)·연금저축신탁(은행)으로 나뉜다). 그러나 이 조언을 충실하게 따랐다가는 더 필요 없거나, 혹은 금전적으로 여유가 없어진 사람들이 해지할 때 울며 겨자 먹기로 큰 손해를 감수해야 한다.

물론 연금저축 관련 상품이 유리한 사람도 있다. 과세표준액이 커서 세율이 높은 고연봉자들이다. 그런데 세율은 연봉이 아닌 각종 비용을 차감한 과세표준에 따라 결정된다. 가끔 신문 기사나 설계사들이 과세표준이 아닌 연봉으로 세율이 결정된다고 하는데, 식구가 많으면 연봉이 높아도 과세표준은 낮을 수 있다.

연금저축, 절세 혜택보다는 55세까지 유지를 고민

연금저축은 10년 이상 돈을 납입하고 55세가 넘은 뒤 연금 형태로 돈을 받는 노후를 위한 상품이다. 연금을 55세까지 강제로 유지하게 하려고 나라에서 세제혜택을 주고 중간에 해지하면 불이익도 주는 것이다. 직장인들에게 절세 혜택을 주기 위한 상품이 아니라는 의미다. 가입하기 전에 이 취지를 명확히 이해해야 한다. 즉 얼마의 세제혜택을 받을 것인가가 아니라 노후연금상품이 나에게 필요한가? 그리고 내가 55세까지 유지할 수 있을 것인가가 의사결정의 기준이 되어야 한다.

매년 12월이면 소득공제 관련 금융상품들의 광고가 홍수를 이룬다. 올해에는 금융회사들의 꼼수에 넘어가지 말고 똑똑하게 따져보자. 그리고 금융상품 가입은 정말 신중하게 하자. 당장 올해 10~20만 원의 세금환급에 연연하다가 나중에 더 큰 손해를 입을 수도 있다.

3장 모으기

쓸 돈만
모으면 된다

1부에서 저축에 대해 흔히 사람들이 하고 있는 착각에 대해 설명했는데, 그 첫 번째가 '저축부터 지르지 마라'였다. 무조건 많이 하면 좋을 것이라는 막연한 생각으로 적금을 들었다가, 돈이 필요해지면 이자를 포기하고 중간에 해약하는 경우가 많기 때문이다. 저축을 하기 위해서는 무작정 금융 상품에 가입하는 것이 아니라 저축을 할 수 있는 기본 조건부터 만들어 놓아야 한다.

네 가지 없으면 저축하지 마라

저축을 하려면 먼저 네 가지 기본 조건을 충족시켜야 한다. 첫 번째는 고정지출을 정리하는 것이다. 앞서 가처분소득을 늘리기 위해 전기세, 통신비, 대여비 같은 고정지출을 줄여야 한다고 설명했다. 지출에서 매달 빠져나가는 고정지출을 줄일 수 있는 방법을 찾아보고 최대한 줄여야 저축할 수 있는 돈이 생긴다.

두 번째 조건은 외상 갚기다. 대부분의 가정이 신용카드를 사용하면서 먼저 쓰고 나중에 갚는 외상 거래로 살림살이를 꾸려나가고 있다. 이로 인한 문제점은 앞에서 충분히 설명했다. 돈 관리의 기본 조건은 먼저 돈을 벌고, 벌어 놓은 한도 내에서 쓰는 것이다. 그래야 계획적이고 체계적인 돈 관리가 가능해진다. 따라서 외상이라 할 수 있는 할부금과 전달 신용카드 대금부터 갚아야 한다. 여유자금이 있다면 무조건 이것들부터 갚는다. 여유자금이 예금이나 적금에 묶여 있다면, 분할해지 기능을 활용하면 손해 보는 이자를 조금이나마 줄일 수 있다. 만약 여유자금이 없다면 이 돈 갚는 것을 1차 목표로 하고 돈을 모아야 한다.

세 번째 조건은 내 돈 갖고 쓰기다. 직장인들이 신용카드를 계속 쓸 수밖에 없는 것은 막상 월급날이 되어도 여기저기 돈이 빠져 나가고 나면 쓸 돈이 없기 때문이다. 이런 상황을 방지하기 위해서는 다음 월급날까지 쓸 수 있는 한 달 치 생활비를 미리 확보하고 있어야 한다. 예를 들어 저축과 부채상환금을 포함해 우리 집 한 달 평균 지출액이 350만 원이라면 매월 1일에는 현금 350만 원이 내 손, 또는 생활비통장에 들어 있어야 한다.

네 번째 조건은 예비생활비 만들기다. 한 달 치 생활비를 모았다고는 하지만 예상치 못한 지출도 발생하고 명절이 끼거나 하면 생활비가 부족해진다. 이를 위해서 반드시 여분의 생활비를 갖고 있어야 한다. 예비 생활비는 월평균 지출액의 50퍼센트를 현금으로 보유하고, 생활비통장이 아닌 별도의 통장에 넣어 놓아야 한다.

지금까지 설명한 네 가지 조건을 정리하면 다음과 같다.

① 고정 지출을 정리해서 최소화한다.
② 카드값을 포함한 외상과 할부를 다 갚는다.
③ 그 후에는 매월 1일 생활비통장에 한 달 치 지출액이 들어 있는지 확인하고, 그 돈을 채워 놓은 상태에서 새로운 한 달을 시작한다.
④ 예비생활비통장에는 한 달 지출액의 50퍼센트가 입금되어 있어야 한다.

이런 네 가지가 충족되지 않은 채 섣부른 저축 계획을 세우면 실패할 가능성이 높다. 또한 이 네 가지는 가정 살림살이를 위한 가장 기본적인 체계를 갖추는 일이기 때문에 소득의 규모나 부채의 유무에 상관없이 무조건 완성되어야 한다.

앞에서 절약하려고 애쓰지 마라고 했지만 이 단계에서만큼은 예외다. 이 네 가지는 살림살이 운영에 가장 기본이 되는 요소이기 때문에, 달성할 때까지 무조건 아껴 쓰고 허리띠를 졸라매서 하루라도 빨리 여기에 도달해야 한다. 만약 여유자금이 없다면 몇 개월이 걸릴 수도 있다.

힘들더라도 반드시 여기까지는 만들어 놔야 비로소 '살림을 한다'라고 할 수 있다.

돈 걱정 없는 4단계 저축 플랜

네 가지 기본 조건을 충족시키고, 안정적인 가정경제를 유지하기 위해서는 네 가지 통장이 필요하다. 지금부터 소개하는 네 가지 통장만 있으면 우리 집 경제 구조의 기틀이 잡혔다고 할 수 있다.

1단계: 예비생활비통장(6개월 적금)

예비생활비는 수시로 빼서 쓰기 때문에 시간이 지나면 점점 없어진다. 따라서 부족한 금액을 다시 채워 놓아야 하는데 이를 위한 저축이 예비생활비용 6개월 적금이다.

예를 들어 저축과 부채상환을 모두 포함해 한 달 300만 원을 지출하는 가정은 이 금액의 50퍼센트인 150만 원이 예비생활비고, 한 달 25만 원 6개월짜리 적금을 들면 이 돈이 만들어진다. 6개월 후 만기가 되면 그동안 꺼내 쓴 예비생활비를 다시 채워 놓고 남은 돈은 다음에 설명할 푼돈 모아 목돈통장에 입금한다. 그리고 다시 6개월짜리 적금을 드는 것을 반복하면 된다. 저축 금액이 적기 때문에 금리가 중요하지 않고 이체수수료가 나가지 않는 통장이면 충분하다. 인터넷뱅킹을 활용하면 한결 편리하다.

이 적금은 돈을 모으기 위한 저축이 아니라 반드시 써야 하는 생활비를 충당하기 위한 것임으로 설령 부채가 있다고 해도 필요한 저축이다. 필수 저축통장이라는 점을 잊지 말고 꼭 준비하도록 한다.

2단계: 푼돈 모아 목돈통장(자유 적금)

생활하면서 돈이 모자라는 달도 있지만 생활비가 남는 달도 있다. 때로는 보너스도 타고 생각지 않은 수입이 생기기도 한다. 이런 돈을 제대로 관리하지 않으면 '공돈'이라는 이름표가 매겨져 함부로 쓰게 될 가능성이 높다. 이렇게 남는 돈이나 예상 외 수입을 관리할 통장, 일명 '푼돈 모아 목돈통장'이 필요하다.

정기적인 저축이 아니기 때문에 1년짜리 자유적금통장을 만든 후, 예상 외 수입이 생기거나 매월 1일, 전달에 사용하고 남은 생활비가 있다면 바로 이 통장에 입금한다. 이렇게 푼돈 모아 목돈통장 하나만 있으면 물 샐 틈 없는 돈 관리가 가능해진다.

그러나 이 통장을 만들기 전에 확인할 것이 있으니 바로 부채다. 주택담보대출 같이 규모가 크고 당장 갚을 수 없는 것을 제외하고 마이너스 통장, 현금 서비스, 카드론, 리볼빙, 자동차 할부, 보험약관대출 같은 부채가 있다면 먼저 이것부터 갚아야 한다. 부채가 있는데 저축을 하는 것은 올바른 순서가 아니다.

그리고 부채를 갚을 때는 이자가 비싼 것부터 그리고 금액이 적은 것부터 갚아나가도록 한다. 부채를 갚으면 이자가 줄어들고 가처분소득이 늘어나 재무구조가 획기적으로 개선될 수 있다. 저축보다 부채상환이 우선이라는 것, 그리고 부채상환은 한 푼이라도 아껴 쓰는 것 말고는 달리 왕도가 없다는 점을 다시 한 번 기억하자.

3단계: 1000만 원 비상금통장(적금+예금)

이제 부채가 없고 안정적으로 생활비를 충당할 수 있는 재무구조를 만들었다면 본격적으로 돈을 모을 수 있는 준비가 되었다고 할 수 있다. 이 시점에서 가장 우선적으로 모아야 할 돈은 다름아닌 비상금 1000만 원이다.

비상금이 없으면 돈 쓸 일이 생겼을 때 부채를 끌어다 써야 하고, 이자 때문에 고정지출이 늘어나 생활이 어려워지게 된다. 특히 형편이 어려울수록 이런 비상금의 중요성은 훨씬 크다. 신용등급이 낮고, 담보가 없어 비싼 이자를 물고 현금 서비스나 캐피털론 심지어 사채까지 써야 하기 때문이다.

극단적인 재정위기를 겪고 있는 가정들을 상담해보면 처음부터 빚이 수천만 원씩 되는 경우는 드물다. 병원비가 필요해서, 차가 고장나서, 아이들 학비로 당장 200만 원, 300만 원이 필요한데 돈이 없다는 것에서 문제가 시작된다. 급하니까 이자율이 연 25퍼센트에 달하는 현금 서비스를 받고 나면 카드 돌려 막기가 시작된다. 이것마저 어려워지면 연 45퍼센트 이자를 내야 하는 대부업체로 넘어간다. 100만 원 빌렸는데 1년 후 갚아야 할 돈이 1400만 원이 되었다는 어느 대학생의 하소연은

실상 비상금이 없는 사람이라면 누구나 당할 수 있는 현실인 것이다.

비상금의 중요성은 아무리 강조해도 지나치지 않으며 그 어떤 금융상품보다 투자가치가 높다. 급하게 돈 쓸 일이 생겨도 내 돈으로 해결할 수 있으면 비싼 이자를 내지 않아도 되기 때문이다. 문제가 발생해도 마음 편하게 해결할 수 있고 생활의 안정이 깨지지도 않는다. 삶의 평화와 안정까지 가져다 준다는 점에서 비상금은 반드시 갖고 있어야 할 통장이자, 가정 살림살이의 필수 안전망이다.

비상금은 1000만 원을 목표로 삼는다(지출규모가 150만 원 미만이나 미혼이라면 500만 원도 가능하다). 이 돈은 저축 가능한 여유자금에서 예비생활비용 6개월 적금을 뺀 나머지 돈으로 적금을 들어서 마련한다. 만기가 되면 원금과 이자를 합해 예금으로 재 예치를 해서 복리 예금으로 굴린다. 푼돈 모아 목돈통장도 만기가 되면 비상금 1000만 원 마련에 보탠다.

생활비 외 돈 쓸 일이 생기면 이 비상금 1000만 원을 중도라도 해지해서 사용하도록 한다. 약간의 이자는 손해 볼 수 있지만 어차피 비상시에 쓰기 위해 준비한 돈이기 때문에 이자는 신경 쓰지 않아도 된다. 꺼내 쓴 돈은 가능한 빨리 다시 1000만 원으로 복구시켜 항상 비상금 1000만 원을 곁에 두도록 한다.

이렇게 생활비 조달을 위한 예비생활비용 6개월 적금통장, 수입 관리를 위한 푼돈 모아 목돈통장, 비상시를 대비한 1000만 원 비상금통장이라는 세 가지 통장을 가지게 되면 가정의 돈 관리와 저축 시스템이 완성된다. 이론적으로 어렵지 않고, 복잡한 금융상품에 가입할 필요도 없이 적금과 예금으로 충분하다. 만약 이런 시스템을 갖춰 놓지 않으면 매일매일 돈 쓰기가 불편하고 혹시나 무슨 일이 생기면 어떡하나 하는 불안한 마음으로 살아가야 한다. 비상금 1000만 원을 마련했다면 우리 집이 위기상황을 대비하기 위한 최소한의 경제적 안전망을 확보했다 생각해도 좋을 것이다.

4단계: 1년 치 생활비통장(적금+예금)

비상금은 불시에 돈 쓸 일이 생겼을 때를 위한 것이다. 그러나 비상시가 아니더라도 돈 쓸 일은 많다. 주거를 위해서, 자녀 교육을 위해서, 가족을 위해서, 내가 행복하기 위해서 등 돈 쓸 일은 평생 발생하기 마련이다. 네 번째 저축통장은 이렇게 반드시 써야만 하는 돈을 마련하기 위한 통장이다.

이런 돈을 한꺼번에 마련하는 것은 불가능하다. 그러나 다행히도 이 돈이 한꺼번에 필요한 것은 아니다. 즉 필요할 때 필요한 만큼의 돈만 있으면 된다. 이렇게 생각해보면 웬만한 돈 쓸 일은 1년 치 생활비를 현금으로 갖고 있다면 대부분 감당할 수 있다고 보면 된다. 1년 치 생활비가 통장에 있다면 최악의 경우 소득이 1년 끊기더라도 빚 없이 살 수 있다. 치솟는 전셋값에도 어느 정도 대응이 가능하다. 재충전을 위해 몇 개월의 휴가를 다녀올 수도 있다. 자녀의 대학등록금도 부담할 수 있다. 가족 중 누가 암에 걸려도 병원비는 충당할 수 있다.

1000만 원 비상금통장이 완료되면, 이제 저축 가능 금액은 모두 1년 치 생활비통장에 집중한다. 단, 1년 치 생활비통장은 1000만 원 비상금통장과는 별도로 만들어야 한다. 1000만 원은 비상시 깨서 사용해야 되기 때문이다. 모으는 방법은 1000만 원 비상금과 마찬가지로 1년 동안 '적금→만기 후 원금과 이자는 예금으로 재예치→다시 적금'하는 과정을 반복해서 만들면 된다.

1년 치 생활비통장이라는 목표를 달성한 후에는 예금, 적금이 아닌 다른 금융상품에 대해 관심을 가져도 된다. 노후연금상품 가입도 한 살이라도 어렸을 때 하는 것이 아니라 사실은 이 다음부터 하는 것이 옳다. 그래야 중간에 손해 보고 깨서 쓰는 일을 막을 수 있기 때문이다. 주식이나 펀드 같은 투자도 마찬가지다. 원금을 손해 볼 수 있다는 위험을 감수하기 위해서는 주식시장이 오를 때까지 기다릴 수 있는 여유자금이 필요하다.

미래에 대한 희망과 꿈을 가지기 위해서는 현재의 안정감이 필수 조건이다. 이런 의미에서 커다란 심리적 안정감을 가져다 주는 1년 치 생활비통장의 효과는 매우 크다. 이 통장이 있다면 삶에 대해 낙관적 기대를 할 수 있고, 희망을 품고 삶을 영위할 수 있다. 어떻게 돈을 써야 행복할 수 있을지 고민하는 여유가 생기고, 돈 쓰기에 자신감을 갖게 되어 돈의 주인이 될 수 있다. 이제 우리의 모든 저축 목표는 통장에 항상 1년 치 생활비를 넣어 놓는 것으로 수렴하면 된다.

표8. 돈 걱정 없는 돈 관리 시스템

구분	실천 상항	목표 금액	금융상품
저축 전	1. 고정 지출 줄이기	-	-
	2. 외상 갚기: 할부와 전달 신용카드 사용 전액	-	-
	3. 생활비용 현금 확보: 매월 1일 생활비통장에 확보	한 달 생활비	보통 예금
	4. 예비생활비 확보	한 달 생활비의 50퍼센트	보통 예금
저축 단계	1. 예비생활비용 적금	한 달 생활비의 50퍼센트	6개월 적금
	2. 부채상환: 주택담보를 제외한 모든 부채	-	-
	3. 푼돈 모아 목돈통장: 예상 외 수입, 생활비 남은 돈, 예비생활비 남은 돈	-	1년 자유적금
	4. 1000만 원 비상금통장	1000만 원	1년 적금 +예금
	5. 1년 치 생활비통장	1년 치 생활비	1년 적금 +예금

보험

보장성 보험 가입하기

2009년 기준 우리나라 전체 가구의 78퍼센트는 민간의료보험에 가입했고 가구당 보유한 보험은 평균 3.6개다. 연금, 종신보험까지 포함해 가구당 평균 보험료는 28만 원에 달한다.

가입에 신중에 신중을 기해도 모자람이 없는 것이 바로 보험이다. 보장금액이 크다고, 보험료가 저렴하다고 쉽게 보험가입을 결정하는 것은 위험하다. 보험은 한번 가입하면 적어도 10년 이상을 유지해야 하는 장기상품이고 중도에 해지하면 원금을 손해 보기 때문이다.

특히 많은 가정이 맞벌이에서 외벌이가 되거나, 자녀교육비 지출 증가로 돈에 쪼들리게 되면 결국 보험 해지나 감액을 생각할 수밖에 없다. 보험이라는 장기상품에 가입할 때는 지금의 소득이 아니라 부부 중 한 명의 소득이 없다는 가정 하에 그 소득을 기준으로 결정해야 해약하지 않고 유지할 수 있다.

또한 보험은 이익을 얻기 위한 것이 아니라 위험에 대비하기 위한 것이다. 따라서 만약 위험이 발생하면 보험에 가입한 것이 이익이지만 그렇지 않다면 금전적으로 저축보다는 무조건 손해 볼 수밖에 없는 상품이다. 불확실성이 매우 강한 상품인 것이다. 불확실한 미래에 무조건 많은 돈을 배분하면 현재의 재무상태가 어려워진다. 따라서 보험은 저축이 아닌 비용이라는 것을 기억하고 만기환급형보다는 보험료가 적은 순수보장형 보험을 선택하는 것이 보다 합리적이다.

보험 가입 우선순위
① 경제적 가장
② 살림을 책임지는 사람
③ 아이

가장 먼저 보험에 가입해야 하는 사람은 가정에서 소득을 만들어내는 사람이다. 보험은 이 사람에게 문제가 발생하는 경우에 발생하는 경제적 타격을 최소화하기 위해 필요한 것이다. 따라서 경제적 가장이 보험가입 1순위가 된다. 어떤 집은 아이들을 위한다며 부모 보험이 아닌 아이들 보험만 잔뜩 들어 놓기도 하는데 이것은 우선순위를 잘못 선택한 것이다. 경제적 가장 다음은 집안 살림을 책임지는 사람이고 아이들은 가장 나중이다.

보험으로 대비하는 위험
① 조기사망
평균 수명대로 산다면 사망은 보험으로 대비해야 할 위험은 아니다. 사망이 위험이 되는 것은 경제적 가장이 부양할 사람들을 남겨두고 일찍 사망하는 경우다. 만약 가정에 경제적 여유가 있어 가장이 사망한 후에

도 사망보험금이 필요하지 않으면 굳이 사망보험에 가입하지 않아도 된다. 미혼이라 부양할 가족이 없는 경우에도 사망보험은 필요하지 않다.

또한 40세인 지금 사망보험금 1억 원은 큰 돈이지만, 40년 후 80세에 사망했을 때 1억 원은 큰 돈이 될 수 없다. 지금 1억 원을 물가상승률 4퍼센트로 환산하면 40년 후에는 2000만 원밖에 되지 않는다. 따라서 사망 위험은 종신보험이 아닌 조기사망을 대비하는 정기보험(보장기한이 정해져 있는 보험)으로 대비하는 것이 더 나은 선택이다.

②사고
사고는 발생확률이 극히 낮지만 장기적이거나 영구적인 장애를 얻는 경우 부담해야 할 비용이 커지기 때문에 대비가 필요하다. 사고나 장애는 발생확률이 낮은 만큼 보험료도 적다. 따라서 일반 보험에 사고나 장애 특약을 추가하는 것으로 대비가 가능하다. 또한 사고의 가장 큰 비중을 차지하는 자동차 사고는 자동차보험으로 기본적인 보장은 된다.

③ 질병
젊을 때는 극히 예외적인 경우를 제외하고 병원비가 많이 들지 않기 때문에 대부분의 경우 내 돈으로 부담이 가능하다. 그러나 만에 하나 큰 병에 걸려 병원비가 많이 나오는 위험에 대비하기 위한 실손의료보험은 필요하다.

100세 만기 실손의료보험을 가입했다고 해서 100세까지 보험으로 병원비 걱정을 하지 않아도 된다는 착각에 빠지면 안 된다. 실손의료보험은 3년 또는 5년마다 갱신 시에 보험료가 올라가는 갱신형 보험이다. 젊을 때는 의료비 지출이 적기 때문에 보험료도 그 금액이 적지만 나이가 들어갈수록 의료비가 커지고, 그에 따라서 보험료도 올라간다. 현재 40세인 사람이 매달 1만 5000원을 내는 실손의료보험에 가입한다면 82세가 되면 매달 내야 하는 보험료가 166만 원에 달한다는 예측도 있다(2012년 국정감사 자료에서 인용). 실손의료보험은 보험료가 저렴할 때는 유지 할 수 있지만 나이가 들어 정작 보험이 필요해졌을 때에는 보험료가 너무 올라 유지할 수 없는 상황에 처할 수 있다.

평생 병원비를 보험으로 해결할 수 있으리라는 생각은 위험하다. 실손의료보험료가 비싸져서 보험료를 낼 수 없게 되면 내 수중에 가진 돈으로 의료비를 충당해야 한다. 그러나 노후 의료비에 대해서 너무 두려워할 것은 없다. 노후에는 부양해야 할 가족이 없기 때문에 노후의료비가 따로 필요한 것이 아니라 생활비가 곧 의료비가 될 것이기 때문이다. 즉 노후생활비가 준비되었다면 노후의료비도 함께 준비되는 것으로 보면 된다. 생활비 외에 의료비가 따로 필요하다는 부담을 가질 필요는 없다.

또한 의료복지가 확대된다면 개인의 부담이 더 줄어들 것이다. 건강보험하나로시민회의(http://www.healthhanaro.net)에 따르면 1인당 1만 1000원만 더 건강보험료를 내면 급여, 비급여 진료를 모두 포함해 1년에 본인부담금 총액 한도를 환자 1인당 100만 원으로 할 수 있다고 한다. 사실상 무상의료나 다름없는 것이다. 의료복지의 확대를 통해 보험료도 줄이고 의료비 걱정도 없앨 수 있는 정책이 실현될 수 있도록 시민들이 관심을 가져야 한다.

보험가입의 실제
① 조기사망: 경제적 가장

경제적 가장의 조기사망에 대비하기 위해 정기보험으로 가입한다. 일반적으로 가정의 막내가 대학을 졸업하는 나이를 기준점으로 보장 기간을 잡으면 크게 무리가 없다. 막내까지 학교를 졸업하면 가장에게 무슨 일이 생겨도 남은 가족들이 스스로 생계를 꾸려나갈 수 있기 때문이다. 예를 들어 막내가 15년 후에 대학을 졸업하고 경제적 가장이 그때 65세가 된다면 65세 만기인 정기보험에 가입하면 되는 것이다.

사망보장액은 가정마다 다르다. 부채와 현재 지출 수준을 고려해야 한다. 만약 부채가 있는 집이라면 사망보장액도 커져야 한다. 경제적 가장이 사망하면 부채를 갚기가 어려워지기 때문이다. 또 경제적 가장의 사망 후에는 남은 가족이 생활 기반을 마련할 수 있는 시점까지 생활비로 보험금을 쓸 것이기 때문에 지출 수준도 사망보장액을 정하는 기준이 된다.

일반적으로 부채가 있다면 '부채의 50퍼센트+1년 치 생활비' 정도를 최소한의 조기사망 보험금으로 봐도 무방하다. 물론 이것보다 더 많이 필요하다고 생각할 수 있으나 더 많은 보장을 받으려면 더 많은 보험료를 내야 한다. 가정의 경제적 상황과 보험의 유지 가능성을 고려하여 적절한 금액을 산정하도록 한다.

② 질병 및 사고: 모든 식구

질병과 사고에 대한 대비는 모든 식구에게 필요하다. 앞에서 설명한 대로 질병을 대비하기 위해서 실손보험으로 준비를 하되 만약 암에 대한 가족력이 있다면 암 진단비 보험에 가입할 수도 있다. 단 이런 진단비 보험은 다른 보험에 특약으로 끼워 넣지 말고 진단비만 단독으로 가입하는 것이 좋다. 만약 보험을 해지하게 되면 여기에 특약으로 끼워져 있던 진단비도 없어지게 되기 때문이다.

진단비는 얼마가 필요하다고 말할 수 없다. 만약 실제로 병에 걸렸다면 많으면 많을수록 좋기 때문이다. 그렇다고 병에 걸릴지 안 걸릴지 모르는 상황에 무조건 큰 돈을 보험료로 내는 것도 문제다. 따라서 보험료를 계속 납입할 수 있는 금액으로 진단비 수준을 결정해야 한다. 많은 보험료 때문에 중간에 해지하게 되면 보장도 날아가고 돈도 손해 보는 최악의 결과를 맞이할 수도 있다.

사고는 별도의 보험 없이 실손보험이나 진단비의 특약을 활용하면 된다. 가끔 한 달 1만 원만 내는 저렴한 보험을 유지하면서 보험이 있다고 뿌듯해하는 분들이 있는데 그런 보험들은 대부분 상해보험, 즉 사고 시 보상을 해주는 보험이며 보험료가 저렴하다는 것은 그만큼 사고 발생확률도 낮다는 것으로 이해해도 무방하다.

③ 노후: 부부

일찍 죽는 것만큼 오래 사는 것도 위험이 되는 세상이다. 노후대비를 위해서 개인연금상품들이 많이 나와 있으나 노후대비 1순위는 국민연금이다. 직장을 다니는 사람은 자동적으로 국민연금을 납입하고 있지만 가정주부는 국민연금이 없는 경우가 많다. 주부는 임의가입이라는 제도를 이용해서 국민연금에 가입해서 노후를 대비할 수 있다.

보험 리모델링

새롭게 보험에 가입한다면 위와 같은 원칙으로 가입하면 되지만 기존에 보험에 가입한 사람들의 경우에는 어떻게 해야 하나 고민이 생길 것이다. 내가 가입한 보험이 필요한 것인지 불필요한 것인지 궁금하고 불안하기도 할 것이다. 그 때문에 전문가로부터 보험 리모델링 상담을 받기도 한다.

보험 리모델링을 하기 전에 먼저 반드시 알고 넘어가야 할 점이 있다. 보험 리모델링은 불필요한 보험을 찾아서 정리하는 것이 아니라 보장을 줄이거나 혹은 늘리는 작업이라는 것이다. 예를 들어 암 진단금 5000만 원짜리 보험을 가지고 있다가 2000만 원으로 줄였는데 덜컥 암에 걸리면 어떻게 될까? 아마도 리모델링한 사실을 두고두고 후회할 것이다. 5000만 원짜리를 계속 유지하다가 만약 암에 안 걸린다면 어떻게 될까? 보험 괜히 들었다고 후회할 것이다. 미래에 어떤 위험이 닥칠지 모르는 상황에서 그 누구도 어떤 보험이 필요하고 필요 없는지 알 수 없다.

만약 보험료를 줄이는 리모델링을 한다면 당연히 보장은 줄어들 수밖에 없다. 보험 리모델링은 기존에 가지고 있던 보장이 불필요해서 줄이는 것이 아니라 내가 보험료를 유지할 수 없는 재무적 상황이기 때문에 하는 것이다. 즉 매달 내는 보험료 부담을 줄이는 대신 보장을 덜 받겠다고 선택하는 것이 보험 리모델링이지, 보험료도 줄이고 보장은 그대로 유지되는 그런 방법은 없다는 것을 명심해야 한다.

다시 한 번 강조하지만 보험은 병에 걸리거나 사고가 발생하는 등의 위험이 발생할 때만 이익이 되는 금융상품이다. 그리고 미래는 누구도 모른다. 만약 보험료를 줄이는 리모델링을 하고자 한다면 그로 인해 현재 재무상태가 개선되는 효과로 만족해야 하며, 만약 실제로 병이나 사고가 발생해 정작 보험이 필요할 때 받을 수 있는 보험금이 줄어들 것은 각오해야 한다. 그럼에도 그동안 보험료를 적게 냈으니 무조건 손해만은 아니라고 생각해야 한다. 반대로 보험료가 늘어나는 리모델링을 했다면 그로 인해 현재 재무상태가 더 어려워진다는 것을 각오해야 하지만, 만에 하나 병이나 사고가 난다면 그에 대한 대가는 충분히 받을 수 있다.

결국 보험 리모델링은 이 보험이 좋으냐 나쁘냐, 필요하냐 불필요하냐의 문제가 아니라 현재 보험료 지출을 줄이는 것과 불확실하지만 미래에 생길 수도 있는 이익 중 어느 것을 선택하느냐의 문제다. 그리고 리모델링을 위한 기준점은 유지 가능성이다. 유지할 수도 없는 보험에 계속 보험료를 내면 결국에는 손해 보고 해지하는 악수를 두게 되기 때문이다. 어차피 유지할 수 없는 보험이라면 차라리 지금 정리하는 것이 가장 손해를 줄일 수 있는 길이다.

　무엇보다 중요한 것은 리모델링을 하고 후회나 자책하지 않겠다는 마음가짐이다. 보험료가 부담이 되어 해지했다가 암에 걸려 후회할 수도 있고, 계속 유지하다가 보험료를 내지 못하고 중간에 해지해서 원금도 못 찾고 손해 볼 수도 있다. 순간의 선택이 잘못된 것은 당신 탓이 아니다. 불확실한 미래를 정확하게 판단할 사람은 아무도 없다.

4장 불리기

투자 안 하고
살아도 된다

 이제는 투자의 시대라고 한다. '투자하면 좋다.'가 아니고 '투자해야 생존할 수 있다.'고 한다. 투자 관련 정보들도 하루가 멀다 하고 쏟아진다. 그들의 공통분모를 살펴보면 "장기투자 하라, 적립식으로 투자하라, 투자공부를 게을리하지 마라, 먼저 종잣돈을 모아라." 같은 것들이다.

 투자는 예금, 적금과 달리 한 순간에 20퍼센트가 오르거나 내리기도 하는, 변동성이 매우 심한 불확실성의 세계다. 원칙을 지킨다고 해도 성공하기 어렵다. 공부한다고 성공하면 교수들은 다 투자의 고수가 되어야 하지만 현실은 그렇지 않다. 따라서 매우 신중한 접근이 필요하다. 이론의 함정을 모르고 전문가들이 앵무새처럼 외치는 말만 믿고 따라 하는 투자는 실패로 귀결될 수밖에 없다.

복리의 마법이 아니라 복리의 쪽박

○○증권사 정문에는 바늘 없는 시계가 있습니다. ○○증권사 직원들은 출근할 때마다 그 시계를 보며 오늘의 시간을 잊고 장기투자의 원칙을 다시 한 번 되새깁니다.

모 증권사의 광고 문구다. 눈앞의 이익과 손해에 연연하지 말고 장기투자하라는 뜻이다. 이처럼 투자를 이야기할 때마다 빠지지 않는 것이 '장기투자'다. 시장이 오르건 내리건 신경 쓰지 말고 장기투자하면 높은 수익률을 얻는다는 말은 투자의 불문율로 여겨진다. 그러면서 투자에 실패한 사람에게는 "당신이 장기투자의 원칙을 지키지 않았기 때문이다."라고 말한다.

장기투자의 성공에는 '복리효과'가 바탕이 되어 있다. 복리효과는 이자에 이자가 붙어 처음의 원금이 기하급수적으로 불어나는 현상을 일컫는 말로, 투자와 저축을 설명할 때 빠지지 않고 등장하는 이론이다. 물론 산술적인 계산으로만 보면 복리의 힘은 크다. 그러나 투자의 세계에 복리효과를 적용하는 것은 투자가 가지는 불확실성과 변동성이라는 특징을 무시하는 순진한 발상일 뿐이다.

1000만 원을 가지고 네 가지 시나리오로 장기투자를 해보자. 각각의 시나리오는 다음과 같다.

① 연 5퍼센트의 수익률이 고정되어 있음

② 첫 번째 연도는 20퍼센트 이익, 두 번째 연도는 10퍼센트 손해

③ 첫 번째 연도는 50퍼센트 이익, 두 번째 연도는 40퍼센트 손해

④ 매년 10퍼센트 이익, 10년마다 50퍼센트 손해

①, ②, ③은 직관적으로 2년 동안 약 10퍼센트의 이익이 나는 상황을 가정한 것이다. 시나리오 ①은 고정금리로 변동성이 제로지만 나머지는 모두 투자 결과에 따라 수익률이 달라지는 변동성이 존재한다. 조건들만 보면 직관적으로는 모두들 이익이 나는 상황으로 보이는데 투자 결과는 생각과는 전혀 다른 양상을 보여준다.

시나리오 ②를 보면 이익과 손해를 반복하면서 결과적으로 조금씩 원금이 커지는 것을 확인할 수 있지만 20년 되는 시점에 이르러서는 오히려 시나리오 ①보다 수익률이 떨어져 30년 후 원리금 합계가 3200만 원인 것을 확인할 수 있다. 시나리오 ③은 참담하다. 10년째부터는 수익은커녕 원금을 까먹기 시작해서 20년째에는 원금이 반토막 난다. 30년째가 되면 원금의 3분의 1인 310만 원으로 쪼그라든다. 시나리오 ④의 경우 10년까지는 가장 월등한 수익률을 보이지만 10년째마다 50퍼센트 손해를 보게 되니 마지막 30년째에는 1600만 원 정도로 끝나게 된다. ①번이 바로 전형적인 복리효과를 보여주는 그래프로 30년 후 1000만 원은 그 약 4.5배인 4500만 원 정도가 된다.

이 결과를 통해 우리는 수익률에 가장 큰 영향을 끼치는 것은 변동

표9. 시나리오별 30년 장기투자 결과

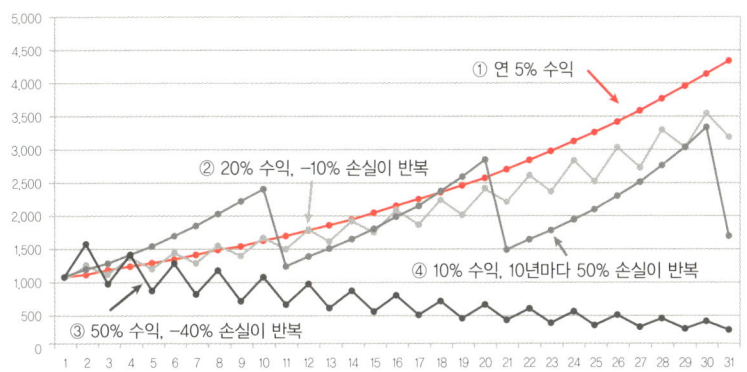

성이라는 사실을 알 수 있다. 특히 장기투자를 할수록 변동성의 역할은 매우 커지게 된다. 높은 수익률로 불려 놓은 원금이 커지면 커질수록 시장이 하락해서 손해 보는 돈도 그만큼 커지기 때문이다. 시나리오 ③이 가장 낮은 수익률을 보인 이유도 +50퍼센트에서 −40퍼센트에 이르는 높은 변동성이 그 원인이다. 이런 경우 많이 벌고 많이 까먹는 것이 반복되면서 수익은커녕 원금도 반토막이 나는 결과를 가져오는 것이다.

시나리오 ④의 경우와 같이 10년마다 −50퍼센트가 되는 상황이 너무 극단적인 예라고 반박할 수도 있겠다. 그러나 우리는 이미 1998년 IMF와 2008년 금융위기를 통해 10년마다 한국 주가가 반토막 나는 상황을 겪어왔다. 다음 10년에서도 그러한 상황이 나지 않으리라는 보장을 할 수 있을까?

많은 재테크 책이나 투자 전문가들은 투자수익률을 연 8~10퍼센트 복리로 제시한다. 예를 들어 1000만 원을 연 8퍼센트 복리로 30년을 투자하면 1억 6100만 원이 되고, 이것은 말 그대로 마법과도 같은 결과다. 그러나 이 계산은 수익률 변동성을 전혀 고려하지 않은 계산이다. 불행히도 투자의 세계는 +20퍼센트도 되었다가 −20퍼센트도 되는 변동성의 세계다. 한 해도 빠짐없이 연 8퍼센트에서 10퍼센트를 달성할 수 있다는 것은 그저 희망사항에 불과하다.

결론적으로 복리가 마법이 되기 위해서는 첫째 수익률(또는 이자율)에 변동성이 없어야 하고, 둘째 그 수익률이 높아야 한다. 그러나 변동성이 없는 상품은 당연히 수익률 즉 이자율이 낮다. 이자율이 낮다면 30년 복리로 돈을 불린다 해도 그 결과는 기대에 못 미친다. 세상에는 변동성도 없고 이자도 높은 금융상품은 존재하지 않는다. 복리의 마법은 금융업계가 서민들을 위해 만들어낸 판타지일 뿐이다.

우량종목 장기투자는 점쟁이의 영역이다

투자에 대한 흔한 생각 중 하나가 삼성전자 같은 주식을 사 놓고 오랫동안 묵혀두면 높은 수익률을 얻을 수 있다는 것이다. 제일 잘 나가는 회사 주식을 고르는 것이니 상대적으로 쉬운 투자방법으로 보이기도 한다.

그러나 기업은 흥하기도 하고 망하기도 한다. 잘나가던 회사들도 시대의 변화에 뒤떨어지면 순식간에 뒤쳐진다. 일본 기업 소니를 생각해보자. 10년 전만 하더라도 소니의 위상은 독보적이었다. 그때 삼성전자가

표10. 2002년 시가총액 상위 10개 종목의 10년 간 상승률

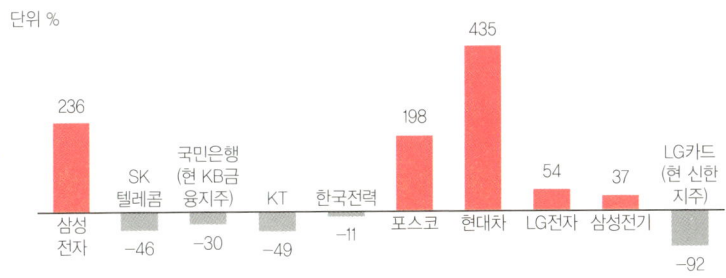

- 2012년 4월 기준
- 국민은행은 2008년 지주회사 전환 당시 KB금융과 1대 1로 주식 교환
- LG카드는 2007년 상장 폐지. LG카드 1주당 신한지주 0.8주로 교환
- 자료: 조선일보(2012. 4. 25.)

소니를 앞지를 것이라 누가 감히 상상이나 할 수 있었을까? 이렇듯 산업에 대한 미래 예측은 전문가도 하기 어렵다. 하물며 일반인들이 미래에 어떤 산업이 발전하고 어떤 산업이 후퇴할지 정확히 예측할 수 있을까? 일반인들은 전문성을 가지고 미래를 예측하는 것이 아니라 단지 추측할 뿐이다. 사실상 그냥 찍는 것과 다를 바 없다.

우량주 10년 장기투자의 도박

실제로 2002년 가장 우량기업이라 할 수 있는 시가총액 상위 10개 종목에 10년간 장기투자했을 때 이익이 남은 종목은 다섯 개밖에 없다(2012년 4월 기준). 내가 삼성전자나 현대차를 선택했을 수도 있지만 SK텔레콤이나 LG카드를 선택했다면 반토막 내지 회사가 아예 없어져 주식이 휴지조각이 되었을 수도 있다.

4장 불리기 185

앞으로 10년 이상 꾸준히 오를 우량주를 고른다는 것은 결코 생각만큼 쉽지 않다. 전문가들도 늘 틀리는 것이 바로 미래 예측이다.

인덱스 펀드 장기투자는 어떨까

장기투자를 하기 위해 특정 기업을 고르는 것이 쉽지 않다면 아예 인덱스 펀드나 ETF(Exchange Traded Fund, 상장지수 펀드) 같이 시장 전체를 사는 방법도 있다. 인덱스 펀드나 코덱스(KODEX)200 같은 ETF는 지수의 움직임과 그 등락을 같이 한다. 코스피(KOSPI)200 지수가 1퍼센트 오르면 코덱스200도 1퍼센트 오르는 식이다.

그렇다면 인덱스 펀드를 가지고 장기투자를 하는 것은 안정적이면서 높은 수익률을 가져다 줄까? 코스피 시장의 장기 그래프를 살펴보자.

아래 그림에서 가로로 그어진 빨간 선이 주가지수 1000P 선이다. 그림에서 확인할 수 있듯이 우리나라는 이미 1989년에 1000P를 넘었지만

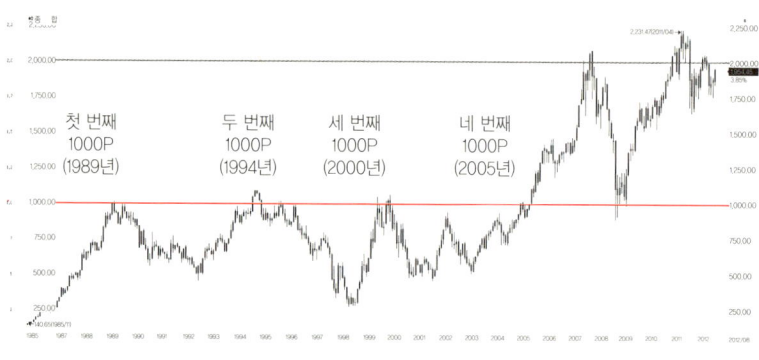

표11. 한국의 주가 차트

• 기간: 1985년~2012년 8월

그 이상을 가지 못한 채 무려 16년의 시간을 보냈다. 1989년 주가 상승을 기대하며 주식에 투자한 사람은 16년이라는 시간 동안 이자 없이 겨우 본전만 건졌다는 말이다.

회색 가로 선은 2000P 선이다. 2005년부터 불과 2년 만에 1000P에서 2000P까지 단숨에 도달했다. 2년 동안 수익률 100퍼센트, 경이로운 수준이다. 이때가 바로 주식과 펀드 투자 붐을 이룬 시기이기도 하다. 그러나 이렇게 2007년 처음으로 2000P를 넘은 한국 증시는 5년이 지난 2012년까지도 2000P 근방에 머물러 있다. 과연 언제쯤 2000P를 넘어 3000P까지 갈 수 있을지 누구도 장담할 수 없다. 1000P에서 2000P까지 16년이 걸린 것처럼 그렇게 오랜 세월이 걸릴 수도 있다.

1989년에 100만 원을 투자했다면 2012년 지금 그 결과는 어떨까? 23년 동안 2배 정도 올랐으니 연 수익률로 따지면 약 3퍼센트 정도다. 80~90년대가 고금리 시대였다는 것을 감안하면 너무나도 초라한 결과다. 2007년 2000P가 넘었을 때 투자를 시작한 사람은 5년이 지난 지금 원금에도 도달하지 못했다.

물론 정 반대의 결과도 가능하다. IMF나 금융위기 같이 주가가 바닥을 치고 있을 때 투자했다면 큰 성공을 거뒀을 것이다. 결국 장기투자라고 하는 것은 얼마나 오랫동안 투자했느냐의 문제가 아니라 언제 투자하느냐의 문제다. 똑같이 20년을 해도 주가가 고점을 찍고 있을 때 투자한 것과 바닥을 찍고 있을 때 하는 것은 그 결과가 하늘과 땅 차이다. 그렇다면 투자 성공의 열쇠는 결국 주가의 고점과 바닥을 예측할 수 있는 능력이라고 볼 수 있다. 그런데 자신 있게 시장을 예측할 수 있는 사람이 과연 있을까? 공부한다고 그걸 알 수 있다면 대학 교수나 공부 열심히 하는 전업 투자가는 다 성공해야 한다. 불행히도 현실은 그러하지 못하다.

적립식투자 성공은 기계나 가능하다

주식시장이 하락하는 위험을 회피하기 위해 전문가들은 이구동성으로 적립식 투자를 이야기한다. 적립식 투자의 장점은 코스트 에버리지(Cost Average) 효과에 있다. 매달 같은 돈을 일정하게 투자하면 주식시장이 하락할 때 더 싼 값에 주식을 살 수 있기 때문에 나중에 다시 시장이 오르면 높은 수익을 얻을 수 있다는 논리다. 이런 논리라면 적립식 투자로 수익률 극대화는 충분히 가능하다. 그러나 이것은 순전히 이론상의 이야기일 뿐 사람들의 투자 방식은 이론과 사뭇 다르다.

적립식 투자가 성공하기 위해서는 몇 가지 전제가 있어야 한다. 첫째, 시장이 하락한 후 반드시 다시 제자리로 돌아와야 한다. 둘째, 더 많이 하락할수록 이익은 더 크기 때문에 하락했을 때 절대 팔면 안 된다.

하락의 공포를 극복할 수 있을까

10만 원씩 1년을 투자한다고 가정하고 표12를 보자. A라는 주식은 6개월 동안 매달 5퍼센트씩 하락한 후 그 후 6개월 동안 다시 5퍼센트씩

상승해 제자리로 돌아왔고 B는 매달 10퍼센트씩 하락한 후 제자리로 돌아왔다. 이 경우 10퍼센트 하락이 5퍼센트 하락보다 수익률은 두 배가 된다.

하지만 이 표는 시장이 하락한 후 제자리로 돌아왔음을 전제로 했다. 여기서 적립식 투자의 문제점이 발견된다. 한 달에 5퍼센트, 10퍼센트씩 주가의 변동성이 규칙적으로 발생하는 것은 이론상에서나 가능하

표12. 수익률 변동성에 따른 투자 결과

	변동성 5%		변동성 10%	
	구매주식	주가	구매주식	주가
1개월	10	10,000원	10	10,000원
2개월	11	9,500원	11	9,000원
3개월	11	9,025원	12	8,100원
4개월	12	8,574원	14	7,290원
5개월	12	8,145원	15	6,561원
6개월	13	7,738원	17	5,905원
7개월	14	7,351원	19	5,314원
8개월	13	7,718원	17	5,846원
9개월	12	8,104원	16	6,430원
10개월	12	8,510원	14	7,073원
11개월	11	8,935원	13	7,781원
12개월	11	9,382원	12	8,559원
13개월	10	9,851원	11	9,415원
합계	151	-	180	-
잔고		1,488,705원		1,695,790원
원금		1,300,000원		1,300,000원
수익률		15%		30%

• 한 달에 10만 원씩 13개월 투자했을 경우
• 계산의 편의를 위해 매수하는 주식의 숫자는 소수 첫째 자리에서 반올림

지 매우 비현실적인 가정이다. 그리고 일반적으로 주가가 V자 모양을 그린다 하더라도 내렸다가 다시 오르기 위해 걸리는 시간은 1년이 아니라 상당히 길다. 만약 그 기간을 3년으로 잡는다면 3년 동안의 총 수익률이 15퍼센트인 것으로 잡아야 한다. 적립식 투자는 투자 기간이 길어질수록 수익률이 떨어진다. 장기투자를 하면 할수록 수익률은 떨어진다는 뜻이다.

그리고 적립식 투자 성공의 가장 중요한 요소는 시장의 오르내림에 흔들리지 말고 꾸준히 투자해야 한다는 것이다. 그런데 이론이 아닌 현실 세계에서 이를 실천하는 것은 매우 어렵다. 표12에서 확인한 것처럼 시장이 하락하면 할수록 나중에 내가 챙길 수 있는 이익은 더 커지는 것이 적립식 투자다. 따라서 적립식으로 투자할 때는 시장 하락에도 공포를 느끼지 말고 계속 투자해야 한다. 그러나 이건 사람들의 심리와 행태를 전혀 고려하지 않은 것이다. 주식시장이 계속 하락하고 있는데 더 떨어질 것이라는 두려움과 공포를 극복하고 꾸준히 투자할 수 있는 사람들이 과연 얼마나 되겠는가? 사람들의 투자에 대한 의사결정을 지배하는 것은 합리성보다는 탐욕과 공포라는 두 가지 심리다. 주가가 오르면 더 오를 것 같다는 생각에 탐욕이 생겨 더 투자한다. 폭락하면 더 떨어질 것 같다는 공포가 더 크게 감정을 지배한다. 그것이 정상적인 사람의 심리요 본능이다. 평범한 사람에게 이걸 거스르라고 하는 것은 아무리 그 너머에 높은 수익률이 보인다 해도 너무 무리한 요구가 아닐까?

이런 인간의 공포심과 투자 결정과의 상관관계를 밝히기 위한 흥미로운 실험이 있다. 20달러를 가지고 시작해 동전을 던질 때마다 1달러를 걸어 딸 수도 있고 잃을 수도 있으며, 반대로 걸지 않고 건너뛰어 위험을 피할 수도 있는 게임이다. 게임을 스무 번씩 진행했는데 사람들은 돈을 잃은 직후에는 주어진 기회의 41퍼센트만 판돈을 걸었다. 심지어 돈을 딸 수 있는 상황에서도 그들은 꺼리는 모습을 보였다.

인간의 공포는 뇌의 편도체가 관장한다. 예를 들어 갑자기 자동차가 자신에게 돌진하면 편도체 부위는 비상등을 켜서 뇌와 신체에 위험신호를 보낸다. 주가가 크게 하락하는 그래프를 보여주고 fMRI(기능성자기공명장치)로 뇌를 찍으면 편도체 부위가 크게 활성화되는 것을 확인할 수 있다. 이것은 사람들이 주가 하락을 자동차가 내게 돌진하는 것과 같은 위험 상황으로 받아들이고 그 상황을 피하고 싶어한다는 것을 의미한다. 돈을 잃은 후 다시 판돈을 걸기 꺼려하는 사람들의 행동은 또 다시 돈을 잃을지도 모른다는 공포를 피하고 싶어하는 심리적 특성 때문으로 설명할 수 있다.

그런데 이 실험은 뇌의 편도체와 같은 감정중추가 손상된 사람들에게 동시에 진행되었다. 편도체의 손상으로 공포심을 느끼지 못하는 사람들은 주어진 모든 기회 가운데 판돈을 건 경우가 84퍼센트에 달했다. 심지어 잃은 액수에 상관없이 계속 판돈을 걸었다. 손실에 대해서 아무 일도 없었던 것처럼 반응한 것이다. 이 게임에서의 승자는 편도체가 손상되어 공포심을 잃어버린 사람들이었다. 뇌가 손상된 사람들이 정상인들보다 13퍼센트의 돈을 더 땄다.

이 상황은 실제 투자에도 그대로 나타난다. 표12에서 확인한 것처럼 적립식 투자는 더 많이 하락하면 하락할수록 유리하다. 그럼에도 불구하고 주식시장 하락의 공포심을 극복하고 적립식으로 꾸준히 투자하는 배포 두둑한 투자자는 그리 많지 않다. 실제로 주가가 하락하면 적립식 투자를 하던 대부분의 사람들이 추가 납입을 중단한다. 그들이 인내심이 없거나 적립식투자의 이점을 몰라서가 아니다. 공포심을 극복하고 내 돈을 까먹을지도 모르는 상황을 인내하는 것은 이 실험의 결과처럼 뇌가 손상되어서나 가능한 일이기 때문이다.

재테크 머피의 법칙 극복하기

한때 '머피의 법칙'이라는 노래가 유행했다. 이 노래가 성공한 이유는 미팅에서 쟤만 빼고 다 괜찮다고 생각하면 꼭 그 애가 걸린다는 가사가 재미있기도 했지만, 안 좋은 일은 꼭 나한테 생긴다는 머피의 법칙에 공감하는 사람들이 많았기 때문일 것이다.

그런데 재테크를 하면서 왜 나에게는 항상 머피의 법칙이 적용되는 걸까 답답해하는 사람들이 많다. 부동산, 주식, 펀드는 내가 사면 떨어지고, 내가 팔면 오른다. 이럴 때면 사람들은 대부분 운이 없음을 탓하고, 손실은 수업료다 생각하며 애써 위로한다. 하지만 재테크 머피의 법칙은 운이 나빠서가 아니라 일반인들이 하는 투자의 필연적인 결과라고 봐야 한다. 투자의 원리를 하나하나 따져보면 그렇다.

투자 성공의 세 가지 조건

투자가 성공하기 위해서는 세 가지 조건이 필요하다. 첫째, 투자할 돈이 커야 한다.

100만 원과 1억 원을 투자해서 똑같이 100퍼센트 수익률이 났어도 전자는 200만 원이 되고 후자는 2억 원이 된다. 여기서 일반인들이 하는 투자의 한계가 드러난다. "투자는 절대 빚을 내서 하지 말고 여윳돈을 가지고 장기적으로 하라."는 것이 투자전문가들이 한결같이 하는 말이다. 그런데 대부분의 가정에서 투자를 위해 장기적으로 묶어 둘 수 있는 여윳돈이 과연 얼마나 될까? 2년마다 전세금 올려줘야 하고, 부모님 아프시면 병원비도 필요한데, 차도 골골거리니 바꿔야 한다. 아이들 커가면서 교육비도 만만치 않다. 처음에는 맞벌이라 괜찮을 것 같다가도 육아 때문에 어쩔 수 없이 아내가 직장을 그만두기라도 하면 당장 생활비도 쪼들리는 것이 일반적인 가정의 모습이다. 이런 상황에서 장기적으로 묶어둘 수 있는 여윳돈이 있겠는가? 만약 있다 하더라도 그리 큰 금액은 아닐 것이다.

결국 '투자할 돈이 커야 한다'라는 재테크 성공의 첫 번째 조건을 대부분의 사람들은 만족시킬 수 없다. 때로 투자금을 키우기 위해 빚으로 투자하기도 하는데, 1부의 부채 착각에서 설명했듯이 이는 절대 해서는 안 되는 일이다.

두 번째 조건은 정보다. 그것도 아주 고급 정보다. 나도 알고 다른 사람들도 알면 그건 고급 정보가 아니다. 시장의 '노이즈(소음)'에 불과하다.

그런데 사람들은 노이즈와 정보를 잘 구별하지 못한다. 마트가 들어오고 지하철 역이 생긴다는 것, 내년에 상장하면 크게 오를 것이라는 것은 이미 사람들이 다 알고 있고 해당 부동산과 주식 가격에 벌써 다 반영되어 있다. 이런 것은 정보가 아니라 노이즈일 뿐이다. 진짜 고급정보는 나만 알고 다른 사람들과 절대 나누지 않는 정보다. 나만 알고 있어야 남들보다 싸게 살 수 있지 않은가? 내가 정보를 최초로 만드는 곳에서 일하지 않는 이상, 이런 정보는 얻을 수 없다.

평범한 내가 알고 있는 정보는 결국 고급 정보가 아니라 모두 노이즈다. 고급 정보를 얻을 수 없으니 투자 성공의 두 번째 조건도 채울 수 없다.

마지막 세 번째 조건은 희생자가 있어야 한다는 사실이다. 투자 성공은 단순하게 말하면 싸게 사서 비싸게 파는 것이다. 누군가 내가 산 것보다 비싸게 사주지 않으면 투자는 실패로 끝난다. 이때 만약 노이즈를 정보라고 생각하고 투자를 한다면 나는 누군가의 투자 성공을 위한 희생양이 되었다고 봐도 무방하다. 이제 내가 투자에 성공하기 위해서는 마찬가지로 나보다 비싸게 사줄 희생양이 필요하다.

어떻게 보면 재테크는 폭탄 돌리기와 같다. 돌고 돌아 마침내 더 비싸게 사줄 사람이 없는 사람이 최종 희생양이 된다. 불행히도 평범한 사람이 최종 희생양이 될 가능성이 매우 높다. 주식시장에는 이런 오래된 격언이 있다. "객장에 아줌마들이 보이기 시작하면 발을 뺄 때다." 시장이 고점을 찍었다는 것은 이미 대부분의 사람들이 그 시장에 참여했고 이제 더 높은 가격에 사줄 사람이 없다는 의미이기 때문이다. 평범한 사람들이 투자의 세계에 문을 두드리는 순간, 그들은 결국 마지막 폭탄의 주인공이 되고 만다.

투자 성공의 세 가지 조건은 이처럼 대다수 평범한 사람들이 가질 수 없는 것들이다. 사람들은 이 조건을 갖추지 않은 채 그저 남들이 돈을 벌었다고 하니까, 투자 안 하면 안 될 것 같으니까 투자의 세계로 섣불리 뛰어들고 결국 실패한다. 만약 내가 운이 없어 투자에 실패했다고 생각해왔다면 그 생각은 지금 바꾸는 것이 좋다. 나보다 더 운 나쁜 사람이 있을지도 모른다는 막연한 기대만으로 무리한 투자를 하고 있지는 않은지부터 돌아봐야 한다.

투자 성공의 세 가지 조건을 모두 갖출 수 없는 99퍼센트에 속하는 대다수 사람들에게, 현실은 재테크 머피의 법칙이 아니라 재테크 필패의 법칙이 더 맞는 이야기인지도 모른다.

심리적 자산이 아니라 쓸 수 있는 돈을 늘리는 것이 먼저

투자가 성공할 수도 있다. 그러나 그 조건은 지금까지 살펴본 것처럼 매우 까다롭다. 없어도 상관 없는 여윳돈이 많아야 하고, 좋은 주식이나 펀드를 고를 줄 알아야 하고, 주식시장이 아무리 하락해도 공포에 휩싸여서는 안 된다. 시장이 반토막 나는 위기 상황은 미리 예측할 줄도 알아야 한다. 보통 사람이 하기에는 결코 쉽지 않은 조건들이다.

무엇보다 당장 돈을 써야 하는 일들이 즐비한 상황에서 투자할 돈은 그리 많지 않다는 현실을 직시해야 한다. 주식시장이 하락할 때 투자전문가들은 앵무새처럼 "시장의 등락에 동요하지 말고 기다릴 줄 아는 지혜가 필요하다."고 떠들면서 장기투자를 못하는 것이 마치 개인의 조급함 때문인 것처럼 말한다. 그러나 개인에게는 오랫동안 기다릴 수 있을 만한 돈이 원래 없다. 당장 돈 쓸 일이 즐비한데 언제까지 기다릴 수 있겠는가?

또 투자한 돈이 얼마 되지 않으니 만약 투자에 성공한다고 한들 성공의 대가가 그리 크지 않다. 결과적으로 투자하기 전이나 투자에 성공한 후나 내 삶이 달라지는 것은 별로 없다. 평생 짊어지고 갈 돈 문제가 해결되지도 않는다. 그런데 얼마 되지 않는 돈이라도 일단 투자를 하면 까먹을 수 있는 위험에 노출되고 주식시장의 오르내림에 나의 하루하루 기분이 좌우된다. 투자를 하겠다고 결정하기 전에 그런 삶이 과연 나에게 행복할지 스스로에게 물어볼 필요가 있다.

돈을 잘 불리는 것은 내 돈을 손해 보지 않는 것부터 시작한다. 맘 편하게 필요한 돈을 차근차근 만들어 나가는 것이 투자만큼 화려하지 않을지는 몰라도 행복지수는 훨씬 더 높을 것이다.

금리

4% 적금보다 6% 펀드?

적금은 목돈을 모으기 위한 대표적인 상품이다. 그런데 많은 재테크 책에서 적금 이자가 실제 표시된 것보다 낮다는 주장을 심심치 않게 볼 수 있다. 연 4퍼센트 적금이라고 해도 실제 이자는 그 절반밖에 되지 않는다는 것이다. 그 이유는 정해진 기간 동안 매월 한 번씩 돈을 납입하는 방식 때문이라고 설명한다.

일견 일리 있어 보이는 이 주장은 그러나 잘못된 생각이다. 1년짜리 적금의 마지막 12개월 차 금리는 한 달만 예치했으니 적용 받는 금리가 월 0.33퍼센트지만 연간으로 따지면 4퍼센트다. 예치 기간이 모두 다른 적금 이자를 일괄적으로 합해 놓고 1개월 예치한 것이나 12개월 예치한 것이나 모두가 1년 예치하고 받은 것처럼 금리를 계산하는 것은 틀린 방식이다. 따라서 다음 쪽에 나오는 표의 맨 오른쪽 연 금리를 정확한 금리라고 봐야 하고, 이자에 붙는 이자소득세 15.4퍼센트까지 감안한다면 정확한 금리는 4퍼센트 적금인 경우 약 3.4퍼센트라고 보면 된다.

이자소득에 대한 부분도 고려할 것이 있다. 예금에 이자가 붙었다면 그 이자에 이자소득세 15.4퍼센트가 붙는다. 그러나 모든 예금에 똑같은 세금이 붙는 것은 아니고 비과세 예금, 세금우대, 세금우대 종합예금을 활용하면 이자소득세를 줄일 수 있다.

예치 기간에 따른 적용 금리와 연 금리

예치 시기	월 납입금	이자	적용 금리	예치 기간	연 금리
1월	100,000원	4,000원	4.0%	12개월	4.0%
2월	100,000원	3,667원	3.7%	11 개월	4.0%
3월	100,000원	3,333원	3.3%	10 개월	4.0%
4월	100,000원	3,000원	3.0%	9 개월	4.0%
5월	100,000원	2,667원	2.7%	8 개월	4.0%
6월	100,000원	2,333원	2.3%	7 개월	4.0%
7월	100,000원	2,000원	2.0%	6 개월	4.0%
8월	100,000원	1,667원	1.7%	5 개월	4.0%
9월	100,000원	1,333원	1.3%	4 개월	4.0%
10월	100,000원	1,000원	1.0%	3 개월	4.0%
11월	100,000원	667원	0.7%	2 개월	4.0%
12월	100,000원	333원	0.3%	1 개월	4.0%
세 전	1,200,000원	26,000원	2.2%	-	4.0%
세 후	1,200,000원	21,996원	1.8%	-	3.4%

- 적용 금리: 예치 기간에 따라 실제 적용된 금리(소수 둘째 자리에서 반올림)
- 연 금리: 1년 동안 예치하는 경우 적용되는 금리

　우리나라는 국민 1인당 원금 기준으로 1000만 원 한도로 세금우대를 받을 수 있다. 예금이나 적금에 가입할 때 세금우대로 해달라고 하면 1인당 원금 기준 1000만 원까지 이자소득세를 15.4퍼센트가 아니라 9.5퍼센트만 내면 된다. 조금 더 세금을 줄일 수 있는 방법은 농협, 수협, 축협, 신협, 새마을금고의 세금우대 통장을 활용하는 것이다. 이 경우 이자에서 농특세 1.4퍼센트만 부과하며 농협, 수협, 축협, 신협, 새마을금고 모두 합해서 1인당 3000만 원까지 가입할 수 있다. 60세 이상이라면 시중 은행 상품도 생계형 비과세로 가입해서 3000만 원까지 세금을 내지 않는 비과세 혜택을 받을 수 있다.

세금 때문에 적금보다 펀드가 낫다고 생각한다면 따져봐야 할 것이 이자소득세보다 더 큰 펀드 수수료다. 펀드 수수료는 그 종류에 따라서 여러 가지 방식이 있지만 일반적으로 국내주식형의 경우 원금의 2~2.5퍼센트, 해외주식형은 2.5~3퍼센트 정도로 이자가 아닌 원금에 붙기 때문에 실제 공제되는 금액이 이자소득세에 비해 더 크다. 만약 펀드 수익률이 마이너스라도 수수료는 꼬박꼬박 빠져나간다는 점도 생각해야 한다. 수수료를 감안한다면 펀드 같은 투자상품은 이미 마이너스를 2~3퍼센트 깔고 투자하는 것으로 봐야 하며 펀드를 투자할 때는 실제 수익률이 아닌 수수료를 감안한 수익률로 계산을 해야 한다. 연 6퍼센트 수익률을 올렸다고 광고하는 펀드라도 수수료를 제외한다면 그 수익률은 3~4퍼센트에 불과하다는 것을 기억하자.

5장 心테크

돈이 아닌 행복을 관리하라

지금의 20대를 지칭하는 말로 '3포세대'라는 말이 있다. '연애, 결혼, 자녀' 세 가지를 포기한 세대라는 뜻이다. 연애, 결혼, 자녀가 무엇인가? 우리 삶에 가장 행복한 순간이요 삶의 원동력이 아닌가? 이렇게 중요한 세 가지를 포기해야 하는 이유는 단연 '돈이 없어서'다.

소득이 늘어나면 더 행복해질까?

중견기업에 다니는 40대 초반의 K부장은 요즘 아이들을 보며 격세지감을 느낀다. 자신은 중학교 1학년 때 처음 영어를 배웠는데 초등학교 3학년짜리 첫째 아이는 여름방학 때 해외 어학연수를 보내달라고 하고, 1학년 둘째는 스마트폰을 사달라 졸라댄다. K부장 스스로도 생활 수준에 대한 기준이 달라졌다. 어릴 적 단칸방에서 살다가 방 두 개인 집으로 이사 갔을 때 그토록 기뻐한 그였지만 지금은 30평 대 아파트도 좁다는 생각을 자주 한다.

우리의 어린 시절이, 비록 가진 것은 없었지만 오히려 작은 것에 고마워하고 더 많이 행복했던 시간은 아니었을까 하는 생각이 들기도 한다. 하지만 이런 생각은 그저 나이 들어 생기는 향수병 정도라고 치부해버린다. 예전보다 더 살기 좋아졌고, 더 많은 돈을 쓰고 사는 지금이 당연히 더 나은 삶이라고 고쳐 생각한다.

여기에 한 가지 아이러니가 있다. 1960~1970년 당시 청춘이었던 우리 어머니, 아버지는 지금보다 삶의 질이 낮고 가난했지만 결혼, 연애, 아이를 포기하면서까지 살지 않았다.

2012년의 대한민국은 G20 의장국이자 OECD 회원국이며 국민소득이 2만 달러, 경제규모 세계 15위인 명실상부한 선진국이다. 단순히 '돈이 없는 것'이 문제라면 지금쯤 우리는 국민소득 5000달러였던 1980년보다는 네 배는 더 돈 걱정이 없어야 하고 행복해야 한다. 하지만 과거보다 더 많이 벌고 잘 살게 된 지금 불행히도 돈 때문에 연애와 결혼, 아이를 포기할 정도로 고통받고 있다.

돈과 행복을 단순한 비례관계로 볼 수는 없다. 사람의 마음, 또 심리계좌는 다양한 상황과 맥락 속에서 행복을 판단하기 때문이다. 행복하게 살기 위해서는 우리 마음인 심리계좌가 언제 행복을 느끼는지 알고 있어야 한다. 그렇지 않으면 무조건 돈이 많으면 행복할 것이라는 환상에 빠져 진짜 행복을 영영 찾을 수 없게 될지도 모른다.

돈과 행복의 관계

경제와 사회가 발전함에 따라 소득과 소비 규모가 커지고 그 형태 또한 다양해졌다. 물론 소비한 물건이나 서비스가 인간의 삶을 편안하게 해준 것은 엄연한 사실이다. 하지만 소비가 늘어난 만큼 오히려 만족감이 떨어지고 있는 것 같다.

적응: 한계 효용 체감의 법칙

사람들은 같은 자극에 언제나 같은 크기의 행복을 느끼지는 않는다. 시간이 지나면 처음 자극에 적응이 돼서 나중에는 같은 크기의 행복을 위해 더 강한 자극이 필요해지기 때문이다.

마치 서울에서 부산까지 5시간 30분 걸리는 무궁화호를 타다가 4시간 30분 걸리는 새마을호로 바꿔 타고 이제는 2시간 30분 걸리는 KTX를 타는 것과 같은 심리일 것이다. 계속 무궁화호를 타다 새마을호를 처음 탔을 때 느끼는 행복은 매우 크다. 그러나 이 만족감은 점점 둔해지고 더 빠른 것을 원하게 된다. 새마을호에서 KTX로 바꿔 타도 마찬가지다.

이런 심리를 쿨리지 효과라고도 하는데 미국의 30대 대통령인 캘빈 쿨리지의 다음과 같은 일화에서 따온 말이다.

대통령이 부인과 농장을 둘러보고 있던 중 영부인이 농장 주인에게 수탉이 얼마나 정력이 좋은가를 물었다. 왜냐하면 수탉은 얼마 되지 않는데 농장에서 생산하는 유정란의 양은 아주 많았기 때문이다. 농장주인은 수탉들이 각각 하루에 열두 번씩 교미를 한다고 자랑스레 말했다. 이에 영부인이 "이 얘기를 대통령께도 해주세요."라고 말했고, 농장 주인은 그렇게 했다.

그러자 대통령이 물었다. "수탉은 매번 그 일을 같은 암탉과 하나요?" 농장 주인이 "아닙니다. 매번 다른 암탉들과 합니다."라고 답하자, 대통령은 득의의 미소를 띠며 말했다. "이 얘기를 영부인께 전해주시오."

이렇게 쿨리지 효과는 멋진 상대라도 시간이 지나면 매력이 시들해져 새로운 상대가 더 매력적으로 보인다는 의미의 용어로 적응에 대한 사람들의 심리를 대변해준다. 즉 지금 100만 원을 쓰고 있다면 150만 원을 쓰면 만족할 것 같지만, 막상 150만 원을 쓰게 되면 곧 여기에 적응하고 뒤이어 200만 원을 욕망하게 된다는 뜻이다. 이런 식으로 사람들은 채워진 욕망에는 쉽게 적응해버리고 이어서 더 강하고 새로운 자극을 원하게 된다.

돈과 행복 사이에는 이처럼 처음 돈을 쓸 때는 행복의 크기가 가장 크고 시간이 지날수록 줄어든다는 '한계효용체감의 법칙'이 존재한다. 만약 돈을 쓴 만큼 행복해진다고 하면 과거 30년 동안 우리의 행복 크기는 소비의 규모만큼 커졌어야 한다. 그러나 기존의 자극에 금방 적응해버리고 더 강하고 새로운 자극을 원하는 인간의 본성 때문에 우리는 항상 과거보다 더 많이 쓰고 있음에도 결코 만족하지 못하고 더 큰 소비 욕망에 휘둘린다.

특히 사람들이 잘 적응하는 것, 즉 쉽게 질려서 더 큰 자극을 원하게 되는 것이 바로 소득과 소비다. 월급이 10퍼센트 오르면 처음에는 기쁘지만 몇 달 지나지 않아 그 감정은 사라진다. 자동차나 TV, 심지어 집을 새로 바꾸는 것도 마찬가지다.

반면에 사람들이 잘 적응하지 못하는 것들도 있다. 바로 사랑, 우정, 좋은 인간관계, 건강, 행복한 결혼 같은 것이다. 이것들은 쉽게 질리지 않고, 지속적인 만족감을 준다. 그래서 돈을 모으고 불리는 것보다 사람 노릇 제대로 하는 것이 더 행복하기도 하다. 내 용돈을 줄여서라도 부모님 생활비를 보내는 것이, 여행을 포기하고 동생 등록금을 대는 것이 더 행복하고 만족스러울 수 있다는 이야기다.

욕망을 채울 만큼 충분한 돈은 그 누구도 가질 수 없다는 사실을 알아야 한다. 지금 이 욕망을 실현해도 또 다른 욕망이 나를 기다리고 있을 것이라 생각하면 지금의 욕망에서 조금은 더 수월하게 자유로워질 수 있다. 돈을 더 많이 벌기 위한 노력 이전에 내가 잘 적응하지 않는 것들, 질리지 않고 지속적으로 행복과 만족을 느끼는 것이 과연 무엇인지를 찾는 노력이 있어야 한다. 그것을 알아야 나와 내 가족이 지속적으로 행복해지는 것에 돈을 쓸 수 있고, 결과적으로 돈으로 욕망만 살찌우는 것이 아니라 행복을 사는 것이 가능해진다.

비교: 동서보다 100만 원만 더 벌면 행복하다

인간은 어떤 식으로든 타인과 관계를 맺고 살아간다. 그 과정에서 내가 속한 집단 속 자신의 위치가 어디인지 생각하지 않을 수 없고, 그 결과 끊임없이 남과 나를 비교하게 된다. 누구와 비교하는지, 무엇을 가지고 비교하는지는 행복을 결정하는 매우 중요한 요소다.

D씨의 남편은 모 대기업 간부다. 그런데 남편이 회사에서 1박 2일로 워크샵을 다녀온 후 기분이 안 좋아 보이고 의기소침한 것 같아 신경이 쓰였다. 무슨 일이냐고 자꾸 캐물었더니 남편은 의외의 말을 털어 놓았다. "워크샵 오면서 다들 차를 끌고 왔는데 나만 국산차고 다 외제차더라고. 괜히 나만 능력 없어 보이고 초라한 것 같아서 기분이 안 좋았어."

이런 이야기를 하는 남편의 차는 그랜저다. 남편은 말 나온 김에 우리도 이제 외제차로 바꾸자고 성화다.

그랜저라는 크고 좋은 차를 가지고 있지만 비교의 대상이 모두 외제차를 갖고 있으면 내가 얼마나 좋은 것을 가지고 있는지는 중요하지 않다. 비교는 내가 많이 벌고, 많이 쓰며 살고 있음에도 불구하고 불행하다고 느끼게 한다.

그런데 사람들은 모든 걸 다 비교하지는 않는다. 다음의 질문에 어떤 것을 선택할지 생각해보자.

질문①

A직장 : 당신의 월급은 400만 원이고, 다른 사람의 월급은 600만 원

B직장 : 당신의 월급은 300만 원이고, 다른 사람의 월급은 200만 원

질문②

A직장 : 당신의 휴가는 한 달, 다른 사람의 휴가는 두 달

B직장 : 당신의 휴가는 보름, 다른 사람의 휴가는 1주일

질문①은 소득을 비교하는 것이다. A직장을 선택하면 절대적인 소득은 많지만 월급날마다 '왜 나는 다른 사람보다 적게 받을까?'라는 자괴감에 빠진다. 반면 B는 A보다 100만 원 적지만 월급날 그래도 나는 옆 사람보다 100만 원 더 받는다는 사실에 기뻐할 것이다. 남과 비교하게 되면 절대적인 월급 액수보다 남보다 더 많이 받는다는 감정을 더 중요하게 여기게 되고, 결과적으로 B직장에 다니는 것이 마음은 더 행복할 가능성이 크다. 반면 질문②는 휴가를 선택하는 것이다. 흥미롭게도 사람들은 휴가에 대해서는 소득처럼 남들과 비교하지 않는다. 다른 사람의 휴가가 어떻든지 내 휴가가 많은 것이 좋다고 생각하기 때문에 A직

장을 선택한다.

　이러한 차이는 돈의 영향력이 그만큼 크기 때문이라고 설명할 수 있다. 자본주의 사회에서 돈이 많은 사람을 능력 있다고 여기고 높이 평가할 수밖에 없다. 그 결과 사람들은 돈 또는 그 사람의 재력이나 신분을 나타내는 소유물, 예를 들어 집이나 차 같은 것들을 가장 쉽게 비교한다.

　불행한 것은 일단 비교를 하게 되면 내가 아닌 남들이 얼마를 벌고 있는지, 옆집 사람이 무엇을 가지고 있는지가 나의 행복을 결정짓는 중요한 요소가 된다는 점이다.

　이런 비교심리는 돈에 대한 사람들의 생각과 태도에 큰 영향을 끼친다. 외국의 한 조사에서 기혼여성들 중 자매의 남편 소득이 높은 경우에 그렇지 않은 여성들보다 취업을 하는 경우가 25퍼센트 더 높았다. 자매의 남편이 많이 벌고 있어 상대적으로 우리 집 소득이 낮다고 생각되니 취업에 더 적극적으로 나선다는 말이다. 가장 행복한 경우가 동서보다 100만 원 더 버는 것이라는 이야기도 같은 맥락에서 나온 말이다.

　특히 비교의 기준이 되는 준거집단이 어디냐는 문제는 같은 상황을 두고도 행복인지 불행인지를 결정한다. 구 동독 사람들은 통일 후 소득이 늘어나고 생활 수준이 높아졌지만 행복지수는 오히려 더 낮아졌다고 한다. 통일 전 그들의 준거 집단은 비슷한 생활 수준의 동독 사람들이었지만 통일 후에는 훨씬 더 잘 살고 있는 서독 사람들로 준거집단이 옮겨 갔기 때문이다. 준거집단이 바뀌면서 동독 사람들은 자신이 서독 사람들보다 열악한 소득과 환경에 있다고 생각하고 과거보다 더 불행하다고 느끼게 된 것이다. 같은 맥락에서 준거집단 수준이 높은 부자 동네에서 살고 있다면, 평범한 동네에서 사는 것보다 오히려 더 불행하게 살수도 있다.

예전 우리 부모님 세대는 많은 것이 부족했지만 비교의 대상이 별로 없고 상대적 빈곤감이 크지 않았기 때문에, 내가 노력해서 그 부족함을 조금만 채우면 행복하게 잘 살 수 있다는 희망이 있었다. 그러나 현대 도시의 삶은 비교 대상과 차이가 너무 커져버려 내가 아무리 노력한다고 한들 그 차이를 극복할 수 없다는 패배감이 생긴다. 자연스럽게 삶에 대한 희망도 행복할 거라는 자신도 없이 살아가게 된다.

비교는 이처럼 삶에 대한 자신감과 만족감을 결정하는 역할을 한다. 그렇다면 과연 비교에서 자유로워질 수 있을까? 비교의 대상을 소득과 소비로 한정 짓는다면 불가능하다. 더 많이 벌고 더 많이 쓸수록 비교의 대상이 되는 준거집단도 함께 높아지고 그 결과 다시 또 비교하는 악순환의 고리에서 벗어날 수 없기 때문이다.

소득과 소비를 비교하지 않기 위해서는 이것이 내 삶에서 그다지 중요하지 않다고 여겨야 한다. 돈이 아닌 가치 있는 다른 무언가를 찾고, 그것을 삶에서 실현해야 한다. 내가 무엇을 하면 행복한지 아는 사람들은 돈으로 삶을 평가하거나 남과 비교하려 하지 않는다. 스스로의 삶에 자신감과 자존감을 가지고 주체적으로 살아가기 때문에 타인이 얼마를 버는지, 무엇을 소유하고 있는지를 비교하지 않는다.

돈이 막강한 힘을 발휘하는 자본주의 사회를 살아가는 사람들에게 이것은 분명 쉽지 않은 일이다. 그러나 물질적인 것만을 기준으로 남들과 비교하며 살면, 그 삶에는 주체성이 없고 자신감도 없어진다. 진정한 나의 욕망이 아니라 타인의 욕망을 욕망하는 우를 범하게 된다.

돈과 사회적 지위를 중요시하는 물질주의적인 경향을 보이는 사람들이 두통이나 우울증을 호소하는 비율이 더 높다고 한다. 다른 사람과의 비교를 끊는 것, 그리고 나만의 가치 있는 삶의 기준을 만들어내는 것은 어렵지만 행복한 삶을 위해서 반드시 필요한 일이다. 열심히 일하고 돈 많이 벌고, 많이 쓰고 살면서도 늘 불행하다고 느낀다면 더더욱 그러하다.

희생: 저녁과 돈 중 무엇을 선택할 것인가?

얼마 전 '저녁이 있는 삶'이라는 말이 화제였다. '저녁'이 무엇을 상징하는가? 그것은 일에서 벗어난 여유 시간이 아닐까 싶다. 저녁에 대한 사람들의 공감은 우리 사회가 여유 시간 없이 살아가는 삶에 지쳐 있고 그것을 원한다는 반증이기도 하다. 그러나 현실은 그렇게 호락호락하지 않다.

이런 상황을 가정해보자. 남편 또는 부인이 연봉이 20퍼센트 인상되는 곳에서 스카우트 제의를 받았다. 그러나 세상에 공짜는 없는 법. 많이 받는 만큼 많이 일해야 한다. 야근은 잦아질 것이고 때로는 주말에도 일하러 나가야 한다. 이 경우 돈은 얻을 수 있지만 저녁이 있는 삶은 포기해야 한다. '돈이 있는 삶'과 '저녁이 있는 삶' 중 당신이 진정으로 원하는 것은 무엇인가?

저녁이 있는 삶은 선택을 요구한다. 돈을 선택하면 사람들로부터 부러움을 얻고, 아이들에게 더 많은 교육을 시킬 수 있다. 넓은 집, 좋은 차, 명품가방을 가질 수 있고 어쨌든 많이 쓰고 살 수 있다. 그러나 가족과 함께하는 시간, 나를 위한 시간, 휴식이나 여가 시간은 포기해야 한다. 심지어는 건강까지도 희생해야 할지도 모른다.

물론 누구나 돈이 아닌 시간을 선택할 수는 없다. 시간을 선택하기 위해서는 무엇보다 기본적인 생계가 안정적으로 유지되어야 한다. 빚도 많고 살림살이를 꾸려나가기 어려운 형편에 한가롭게 여유 시간을 선택할 사람은 없다. 그러나 여기서도 기본적인 생계에 대한 기준을 어떻게 잡을 것인가를 선택해야 한다. 강남 수준을 기본생활이라 할 것인지, 소도시나 서울 변두리를 기준으로 할 것인지, 즉 나의 준거집단이 어디인지에 따라 이 기준은 달라진다. 적어도 30평 대 아파트에 살아야 하고, 아이들 사교육은 옆집만큼 시켜야 하고, 차도 중형차 정도는 되어야 한다는 기준을 가지고 있는 사람은 그 조건을 충족시킬 수 있는 돈이 시간보다 더 중요하다.

기본적인 생계, 이것은 사람들마다 처한 환경과 생각하는 가치관에 따라 다르다. 중요한 것은 내가 생각하는 기본적인 삶이란 무엇인가다. 이것을 알게 되면 내가 어떤 삶을 원하는지도 알 수 있다. 만약 이런 기준도 없고, 내가 원하는 삶이 무엇인지도 모른다면 그저 막연히 돈이 많은 삶만 동경하게 되고 '저녁'보다는 돈을 택하게 된다. 비록 돈이 있다 하더라도 주체적으로 돈을 활용하지 못하고 그저 남들이 하는 대로 따라 쓸 수밖에 없다. 그러다 보면 돈을 쓰면서도 내가 정말 잘 쓰는 것인지 자신이 없어 불안하고 두렵다. 스스로의 의지와 욕구로 돈을 통제하지 못하니 늘 돈에 끌려 다니고 삶에 대해서도 자신감을 잃는다.

스스로 기본적인 생계에 대한 기준점이 명확하다면 많이 벌지 못한다는 사실은 문제가 되지 않는다. 기준이 낮으면 오히려 삶에서 선택할 수 있는 것들이 많아진다. 무엇보다 적게 벌어도 되니 돈을 많이 벌어야 한다는 스트레스에서 벗어날 수 있다. 늘어난 시간으로 돈을 벌기 위한 노동이 아닌 나 자신을 위한 활동을 계획하고 실행할 수도 있다. 남들만큼은 해야 한다는 강박관념으로부터 자유로워지고 대신 내가 정말 원하는 것에 도전할 수 있는 가능성이 열린다. 더 많이 버는 것을 포기하고 희생했지만 대신 새로운 삶을 얻을 수 있다. 결국 인생에서 100퍼센트 희생과 포기는 없다. 무언가를 희생하거나 포기해도 다른 것을 얻을 수 있는 것이 순리다.

적응, 비교, 희생 이 세 가지는 돈과 행복의 관계를 이해하기 위한 키워드다. 이 세 가지는 별개가 아니라 모두 연관되어 있다. 행복의 기준을 얼마나 많이 벌고 있는지, 얼마나 많이 쓰고 살고 있는지에 두거나 채워도 채워지지 않는 물질적 욕망만을 좇게 되면 삶은 불행해진다.

어떻게 하면 돈을 더 많이 벌까를 고민하기 전에, 내가 무엇을 원하고 무엇을 욕망하는지를 제대로 알아야 한다. 그리고 그것을 위해서 노력

할 때 주체적인 삶을 영위하게 되고 자신감과 자존감을 가지게 되어 행복하게 살 수 있다.

가정경제는 돈벌이가 아니라 살림살이다

기업활동의 목표는 이윤추구, 즉 돈벌이다. 돈벌이 경제에서는 돈을 벌었다는 결과가 전부다. 그 외의 것은 무의미하다. 그렇다면 가정경제의 목표는 무엇일까? 그것은 가족 구성원 모두의 필요 욕구를 충족시키는 것으로 정의할 수 있을 것이다. 가정경제에서는 돈벌이보다 그 돈이 어떻게 쓰이냐 하는 것이 더 중요한 문제가 된다.

  이러한 차이는 가정경제가 결국 살림살이 경제라는 것을 말해준다. 살림을 산다는 것은 무엇인가? 그것은 주어진 자원, 즉 '돈' 또는 '수입'을 가족 구성원들에게 효과적으로 배분해 그들의 필요를 충족시켜주는 활동이다. 이 과정에서 돈은 가족 구성원들의 필요를 충족시키는 무언가(예를 들어 여가, 교육, 편리함 등)를 얻기 위한 수단이 된다. 돈벌이 경제에서는 돈 그 자체가 목적이다. 그러나 살림살이 경제에서 돈은 그저 욕구 충족을 위한 수단일 뿐이다.

  그런데 가정경제가 살림살이가 아니라 기업처럼 돈벌이를 위해 돌아가게 되면서 재테크 열풍이 불었다. 적어도 옆 사람보다는 많은 돈을 벌어야 한다는 강박관념으로 사람들은 『부자아빠, 가난한 아빠』를 읽었고 〈쩐의 전쟁〉이라는 드라마를 봤다. 20대에는 재테크에 미쳐야 한다고 믿었고, 30대에 30억 부자가 되었다는 젊은 부자의 강연회를 찾아가야만 했다.

그러나 이런 재테크 열풍의 배후에는 단순히 더 많은 돈을 벌어야겠다는 욕망보다는 '불안한 미래'에 대한 공포가 도사리고 있다. 사람들은 예측할 수 없는 것에 훨씬 더 많은 공포를 느낀다. 예를 들어 흡연과 광우병 중에서 사람들은 광우병에 더 많은 공포를 느낀다. 흡연은 내가 충분히 통제할 수 있는 것이지만 광우병은 내가 통제할 수 없는 영역이기 때문이다. 확률적으로 따져보면 흡연으로 인해 건강을 해치거나 사망할 확률이 훨씬 더 높다. 그럼에도 예측할 수 없다는 점, 내 의지대로 통제할 수 없다는 것 때문에 사람들은 광우병을 흡연보다 더 공포스럽게 생각한다.

미래에 대한 사람들의 불안도 같은 이유로 설명될 수 있다. 한 곳에서 평생 농사를 짓고 산다면 어느 정도는 삶이 예측 가능하다. 그러나 도시에 사는 현대인들은 늘 불안감을 안고 살아간다. 집값이 떨어질까, 전셋값이 오르진 않을까, 회사에서 해고당하면 어쩌지, 대출금리가 오르면 돈은 어떻게 갚지, 우리 애 교육은 어디까지 시켜야 하지, 은퇴하면 뭘 하고 살아야 하지, 투자한 돈을 까먹을지도 몰라 등 내가 아무리 열심히 살아도 통제하거나 관리할 수 없는 불안이 너무나 많다. 이 불안감을 해소하기 위해서 무엇보다도 '돈이 많아야겠다'라는 결론을 내리는 것은 정말 자연스러운 일이다.

그러나 불행히도 재테크는 이런 미래 불안을 해결해주지 못했고 오히려 위험을 더 키웠다. 부동산 불패의 신화를 믿고 집을 샀던 사람들은 지금 하우스 푸어로 전락했고, 예·적금 다 깨고 펀드에 주식에 투자했지만 금융위기로 반토막 나는 참담함도 경험했다. 그나마 있던 돈은 투자로 까먹고, 나머지 돈은 집에, 펀드에 묶여 있어 마이너스 통장 없으면 생활하기 어려운 지경까지 이르렀다. 20대부터 노후에 이르기까지 캠퍼스 푸어에서 실버 푸어로 평생 빚 갚다 볼일 다 보는 채무노예로 살아가게 되었다.

그렇다면 미래 불안을 어떻게 해소해야 할까? 먼저 불안한 미래는 '돈'을 많이 버는 것으로 해결할 수 없다는 것부터 인지해야 한다. 만약 돈을 많이 벌어 미래 불안이 해소된다면 돈 잘 버는 사람들은 미래 불안이 없어야 한다. 그러나 막상 이런 사람들을 만나보면 누구 못지 않게 미래에 대해 불안하게 생각한다.

소득이 높은 사람은 삶의 기준이 높을 수밖에 없다. 이렇게 높은 기준을 10년이 아니라 평생 유지하기 위해서는 엄청나게 많은 돈이 필요하다. 지금 아무리 돈을 잘 벌어도 은퇴하는 것은 누구나 똑같다 보니, 미래에 지금 생활 수준을 유지하지 못할 것이라는 불안감은 늘 이들을 짓누른다. 더군다나 책임져야 할 것도, 책임져야 할 사람도 많다. 이들 기준에는 자녀교육도 대학이 아닌 대학원, 유학까지 보내줘야 하고, 결혼시킬 때 아파트 한 채는 사줘야 한다.

지금 돈을 많이 벌면 일찍 은퇴해서 여유로운 노년을 보낼 수 있을 것 같지만 나이 들어서 손자의 사교육비까지 책임져야 한다. 사교육의 3대

요소가 "아빠의 무관심, 엄마의 정보력, 할아버지의 경제력"이라는 말이 괜히 나온 것이 아니다.

필요 욕구 포트폴리오를 만들어라

돈을 더 많이 벌기 위해 밤낮 없이 일하고, 주말에는 지친 몸과 마음을 TV 시청과 쇼핑으로 달래는 삶은 돈벌이를 위한 삶이다. 그렇게 번 돈으로 옆집보다 좋은 차, 옆집 아이보다 더 많은 학원, 친구보다 더 넓은 집을 유지하는 데 쓰느라 허덕거리는 것은 아닌지, 채워지지도 않는 욕망을 남들과 비교하면서 불행해하고 있지는 않은지 한번 생각해봐야 한다.

가정경제는 돈벌이가 아닌 살림살이 경제라는 것을 다시 한 번 되새겨보자. 살림살이, 즉 가족 구성원의 필요 욕구를 채워주는 것은 분명 한계가 있다. 쓸 수 있는 자원인 '돈'이 제한되어 있기 때문이다. 그렇다면 필요 욕구를 구체적으로 규정짓는 것이 필요하다. 그러지 않으면 자본주의 사회를 살아가는 우리들은 그저 욕망에 충실하고 돈을 많이 쓰는 삶을 동경해버리기 쉽다. 우리 가정이 쓸 수 있는 자원의 한도 내에서 어떤 필요 욕구를 가질 것인지 그 내용을 마음속에 그리면 자연스럽게 미래 불안까지도 극복할 수 있다. 막연한 미래를 구체적으로 상상할 수 있게 되기 때문이다.

'꼭 내 집을 가지지 않더라도 빚 지고는 살지 않겠다. 아이들 영어유치원은 안 보내지만 대학 등록금은 적어도 절반이라도 해주겠다. 나이 들면 부부가 15평 집에서 살겠다. 네 식구뿐이니 차는 중형차만 갖겠다. 매년은 아니지만 10년에 한 번은 해외로 여행을 가겠다. 자녀 결혼 때 집은 못 사줘도 노후병원비는 내 힘으로 마련하겠다. 마흔 살까지는 기타를 꼭 배우겠다.'는 식으로 가족구성원들의 필요 욕구를 구체화하고 관리해야 한다. 만약 이렇게 만들어진 필요 욕구가 크다면 당연히 돈을 더 많이 벌어야 할 것이다. 반대로 소박한 욕구로도 만족스럽게 살 수 있다면 돈벌이 외에 삶을 풍요롭게 만들 수 있는 다양한 활동을 할 수 있다. 미래 불안은 이렇게 필요한 것을 구체화한 후, 능력의 한도 내에서 진정으로 원하는 욕구를 선택하면서 해소되는 것이지 돈을 많이 번다고 해서 없어지는 것은 아니다.

가정경제에서는 돈을 많이 버는 것보다는 살림살이를 잘하는 것이 훨씬 중요하다. 그리고 10년만 잘할 것이 아니라 평생 잘해야 한다. 이것은 평생 동안 수입과 지출의 균형을 맞춘다는 의미이다. 즉 버는 한도 내에서 얼마나 효율적으로 잘 쓰느냐의 문제인 것이다. 이 과정에서 돈을 쓰는 사람만 행복하고 돈 버는 사람이 불행해서는 안 되고, 가족 구성원들 모두에게 가장 행복한 방향으로 살림살이를 해야 한다.

노후

가상 일기: 60대에 찾은 보물

떠들썩한 밀레니엄의 시작이 엊그제인 것 같은데 벌써 2030년, 내 나이 60이다. 30대에는 60대면 노인이라 생각했는데 막상 내가 그 나이가 되고 보니 '인생은 60부터'라는 말을 떠올리게 된다.

현재 공식적인 나의 첫 번째 직업은 목수다. 그리고 작년부터는 스스로 가구를 만들고 싶어하는 사람들을 위한 강좌도 열었다. 연말에는 나와 나에게 배운 사람들이 만든 가구들을 모아 전시회를 열 계획이다. 이렇게 일주일 중 하루는 강의를 하고 3일은 가구를 만든다. 그리고 토요일에는 두 번째 직업이 나를 기다린다. 젊었을 때 취미였던 사진 찍기다. 그냥 사진을 찍는 것은 아니고 돌잔치나 결혼식 같은 이벤트에 사진을 찍어준다. 원래 사진 찍기를 좋아하기 때문에 돈을 번다는 생각보다는 취미도 살리고 돈도 번다는 즐거운 마음으로 하고 있다. 평소 역사에 관심이 많던 아내는 역사해설가 과정을 수료하더니, 지금은 고궁해설가로 변신을 해서 학생들과 일반인에게 안내하는 일을 하고 있다.

이렇게 우리 부부는 일주일에 3~4일 정도 일을 한다. 그러나 지금 하는 일은 돈을 벌기 위해 반드시 해야만 하는 지겹고 힘든 '노동'이 아니다. 이건 내가 하고 싶은 '일'이고 평생에 걸쳐 꼭 해보고 싶었던 내 '꿈'이다. 그래서 젊었을 때보다 지금이 오히려 매일매일 즐겁고 행복하다.

50대까지는 가족을 위해 살았고, 자유보다는 책임과 의무가 더 무거운 삶을 살았다면, 지금은 정말 나만을 위한 삶을 살고 있는 것이다.

이렇게 두 가지 직업을 통해 내가 70만 원, 집사람이 50만 원, 합해서 매월 약 120만 원 남짓(2012년 물가 기준)을 벌고 있다. 많지는 않지만 은행에서 나오는 이자도 있어 한 달에 150만 원 정도 수입이 가능하다. 수입이 많지 않지만 아이들이 학교를 졸업하고 취업을 해서 경제적으로 독립했기 때문에 자식들에게 들어갈 지출이 없어 우리 부부가 쓰는 생활비로 부족하지는 않다. 그래도 수입이 많지 않으니 고정지출을 최대한 줄이기 위해 작은 집에 살고 있고, 살림살이도 최대한 줄였다. 시간이 많으니 채소는 주말농장에서 다 키워서 먹는다. 65세가 되면 우리 부부는 국민연금을 수령할 수 있어 수입이 200만 원이 넘을 것이다. 그때부터는 2년에 한 번은 해외여행도 가고, 더 나이 드는 때를 대비해서 저축도 할 생각이다.

그러나 돌이켜보면 30대 시절 나에게 '노후'라는 단어는 두려움 그 자체였다. 회사에서 직장인으로서의 수명은 점점 더 짧아지고, 아이 낳아 키우면서 돈 쓸 곳은 점점 더 많아지고, 내 집 한 칸 마련하는 것도 빚이 없으면 꿈도 못 꾸겠고. 현실이 이러니 노후준비는 그저 돈 많은 사람들에나 해당되는 사치로만 생각했다. 어차피 생각해봤자 뾰족한 답은 없다라는 심정으로 자포자기했다.

그럼에도 언젠가는 찾아올 나의 50대 이후의 삶, 100살까지 산다고 했을 때 남아 있는 50년을 어떻게 살아야만 하는 것일까에 대한 고민은 늘 내 마음 한구석에 자리잡고 있었다. 직장에서 퇴직할 시기가 다가올수록 이런 고민은 점점 깊어져만 갔다. 과연 우리 가족 모두가 평생 행복하게 살아가려면 어떻게 해야 할 것인가?

그런데 나의 30대를 내내 괴롭혔던 이 고민은 의외로 쉽게 풀렸다. 나는 내가 하고 싶은 일이 무엇인지, 내가 꿈꾸었던 것은 무엇인지를 머릿속이 아니라 종이에 써 보았다. 서른 살 당시의 직업은 프로그래머였지만 평상시 손재주가 있던 나는 우리 집에서 쓰는 것은 내가 스스로 만들어보고 싶다는 욕심이 있었다. 이렇게 해서 자연스럽게 목수라는 직업을 생각해냈고 퇴직하면 목수를 해야겠다는 목표를 가지고 틈틈이 거의 10년 동안 꾸준히 기술을 배우고 익혔다. 그리고 지금은 꽤 인정받는 목수가 되었다.

그리고 아이들 교육비 문제는 사교육은 최대한 자제하고 대학 등록금 마련에 초점을 맞추자고 가족들과 합의하고 목돈 만들기에 집중했다. 중·고등학교에 다닐 때 학원 하나 더 보내는 것보다 대학에서 제대로 공부하는 것이 중요하다고 생각했기 때문이다. 아이들이 사춘기 때는 투정도 부리더니 지금은 오히려 좋은가 보다. 친구들이 대학등록금을 벌기 위해 휴학을 반복하며 아르바이트로 고생하고 있는 것에 비해 엄마나 고마운지 모른다고 가끔 애교도 부린다. 또한 스스로의 인생을 찾아서 독립적으로 살아가는 우리 부부 덕분에 나중에 부모님을 부양해야 한다는 의무감에서 자유로워졌다는 것에 대해 무엇보다도 고마워한다.

지금도 TV 광고에서는 골프 치고, 크루즈 여행하고, 편의시설이 다 갖춰진 실버타운에 입주하는 것이 행복한 노후라고 말하고 있다. 우리 부부도 처음에는 그렇게 생각했고 그런 삶을 동경했다. 그러나 따지고 보면 해외여행 자주 가야 1년에 한 번이고, 골프 치고 산다고 삶이 행복하기만 한 것은 아니다. 실버타운의 시설과 프로그램도 매일매일 하다 보면 오래지 않아 지겨워질 것이다.

우리 부부는 즐겁고 행복하게 할 수 있는 '일'을 통해 자아를 실현하고 꿈을 이뤄가는 우리의 지금을 진정한 인생역전이라고 생각한다. 좋아하는 일을 찾고 잘하려고 노력하다 보니 직업으로 연결되었고, 자연스럽게 돈 문제도 어느 정도 해결되었다.

2030년 내 나이 60, 아직도 나는 하고 싶은 것이 많다. 앞으로 100살까지 산다면 40년이 더 남았다. 오래 살 수 있다는 것은 그만큼 내가 꿈을 더 꿀 수 있다는 것이고, 그 꿈을 실현할 수 있는 시간이 많다는 것을 의미한다. 젊은 시절에는 노후에 돈이 없으면 어떻게 하나 막연히 두려워만 했다. 그러나 좋아하는 '일'을 할 수 있다면 사실은 그다지 두려울 것도 없다. 아니, 나만을 위한 삶을 살 수 있으니 오히려 60세인 지금이 내 인생에서 가장 행복한 순간이라고 자신 있게 말할 수 있다.

넓고 다양한 세상에서 내가 할 수 있는 일을 하나씩 만들어간다는 건 그 어떤 보물을 찾는 것보다 기쁜 일이다. 오늘도 나는 내 인생이라는 지도에서 그 보물을 찾는 탐험을 나선다.

나가며

나는 돈 걱정 없이 산다

"마음 가는 데 돈 간다."는 옛말이 있다. 내 마음속 심리계좌를 들여다보는 것은 나를 발견하는 과정이기도 하다. 내가 어떤 삶을 원하는지, 어떨 때 행복한지를 알 수 있는 단초가 된다. 결과적으로 내가 진정으로 원하는 것에 돈을 쓸 수 있게 해준다. 돈에게 명령을 내릴 수 있게 되고, 돈이 나와 내 가족의 행복을 위해 일하게 한다.

'돈이 얼마가 있어야 돈 걱정 없이 살 수 있는 거야?'라고 생각할지도 모르겠다. 그러나 따져보면 필요할 때에, 필요한 만큼만 있으면 돈 걱정은 없다. 500만 원 필요하면 500만 원만 있으면 된다. 500만 원 필요한데 5억 원이 있으면 도리어 사고가 발생한다. 그러니 괜히 얼마인지도 모르는 '많은 돈'이라는 허상에 사로잡혀 평생을 괴롭게 살지 말자.

그리고 절약해야 미래를 준비할 수 있다는 개미와 배짱이식 교훈 때문에 괜히 죄책감 느끼지 말자. 왜 미래만을 준비해야 하나? 내 현재는 그저 희생되어도 좋은가? 행복은 적금처럼 모아 놓았다가 나중에 한꺼번에 탈 수 있는 그런 것이 아니다. 지금 순간 내가 누려야 하는 만족과 행복도 중요하다. 노후 30년만 돈 걱정 없이 살 것이 아니라, 당장 내일부터라도 돈 걱정 없이 살고 싶은 우리 모두에게 이 책이 작은 길잡이가 되었으면 하는 바람이다.

책을 읽은 분들이 심리계좌의 오류와 착각을 깨닫고, 물샐 틈 없는 돈 관리 시스템을 갖추고, 스스로의 욕구와 가치관을 가지고 자신감 있게 돈을 쓰게 된다면 더 바랄 것이 없다.

돈 문제에 있어 심리계좌의 중요성을 꿰뚫어 본 살림출판사와 담당 편집자에게 감사드린다. 생활경제상담센터 푸른살림 식구들의 생각과 경험은 이 책의 중요한 자양분이 되었다. 그리고 무엇보다도, 진정한 행복이 무엇인지 항상 느끼게 해주는 남편과 아들, 가족들에게 사랑과 감사를 전한다.

2012년 12월
이 지 영

심리계좌

펴낸날	초판 1쇄 2012년 12월 7일
	초판 16쇄 2024년 11월 14일

지은이	이지영
펴낸이	심만수
펴낸곳	(주)살림출판사
출판등록	1989년 11월 1일 제9-210호

주소	경기도 파주시 광인사길 30
전화	031-955-1350　　팩스 031-624-1356
홈페이지	http://www.sallimbooks.com
이메일	book@sallimbooks.com

ISBN	978-89-522-2237-4　13320

살림Biz는 (주)살림출판사의 경제·경영 브랜드입니다.

＊값은 뒤표지에 있습니다.
＊잘못 만들어진 책은 구입하신 서점에서 바꾸어 드립니다.